Mademoiselle de Clermont
Édouard

Littératures

Collection dirigée par Henry Dougier
avec la collaboration de David Haziot et Isabelle di Natale

Des lectures, des récits qui traversent la vie, éclairent sur l'autre et
sur nous-mêmes, en jouant, par drames et destins interposés, leur
grande fonction de fabulation et de tendresse.
Que serions-nous sans ce cercle intime de personnages complices,
sans ces histoires qu'on lit et relit d'une lecture affective, un peu
somnambule ?

Illustration de couverture :
Le Corrège : *Ganymède*, vers 1530-1534, détail,
Vienne, Kunsthistorisches Museum.
in Franco Maria Ricci, *FMR*, n° 22

Mademoiselle de Clermont

Mme de Genlis

Édouard

Mme de Duras

Postface par
Gérard Gengembre

Éditions Autrement **Littératures**

Mademoiselle de Clermont

Mme de Genlis

Non, quoi qu'en disent les amants et les poètes, ce n'est point loin des cités fastueuses, ce n'est point dans la solitude et sous le chaume que l'amour règne avec le plus d'empire. Il aime l'éclat et le bruit, il s'exalte de tout ce qui satisfait l'ambition, la louange, la pompe et la grandeur. C'est au milieu des passions factices produites par l'orgueil et par l'imagination, c'est dans les palais, c'est entouré des plus brillantes illusions de la vie, qu'il naît avec promptitude et qu'il s'accroît avec violence ; c'est là que la délicatesse et tous les raffinements du goût embellissent ses offrandes, président à ses fêtes, et donnent à son langage passionné des grâces inimitables et une séduction trop souvent irrésistibles !

J'ai vécu sur les bords heureux que la Loire baigne et fertilise ; dans ces belles campagnes, dans ces bocages formés par la nature, l'amour n'a laissé que des traces légères, des monuments fragiles comme lui, quelques chiffres grossièrement ébauchés sur l'écorce des ormeaux, et, pour traditions, quelques romances rustiques, plus naïves que touchantes. L'amour seulement a plané sur ces champs solitaires ; mais c'est dans les jardins d'Armide ou de Chantilly qu'il s'arrête, c'est là qu'il choisit ses adorateurs, qu'il marque ses victimes, et qu'il signale son funeste pouvoir par des faits éclatants recueillis par l'histoire et transmis d'âge en âge. J'entreprends d'en retracer un dont le souvenir touchant poursuit partout à Chantilly et répand sur ces beaux lieux un charme mélancolique[1]. C'est dans les bois de Sylvie[2], c'est dans l'allée fatale de Melun, c'est sur la trace de deux amants infortunés que j'ai médité le triste récit de leurs amours... Je laisse à d'autres la gloire de briller par des fictions ingénieuses, je ne veux intéresser que par la vérité ; si j'y parviens, je m'en applaudirai : plaire en n'offrant que des tableaux touchants et fidèles, c'est instruire.

Mlle de Clermont reçut de la Nature et de la Fortune tous les dons et tous les biens qu'on envie : une naissance royale, une beauté parfaite, un esprit fin et délicat, une âme sensible, et cette douceur, cette égalité de caractère, si précieuses et si rares, surtout dans les personnes de son rang. Simple, naturelle, parlant peu, elle s'exprimait toujours avec agrément et justesse, on trouvait dans son entretien autant de raison que de charme. Le son de sa voix s'insinuait jusqu'au fond du cœur, et un air de sentiment répandu sur toute sa personne donnait de l'intérêt à ses moindres actions. Telle était Mlle de Clermont à vingt ans. Paisible, admirée, sans passions, sans faiblesses, heureuse alors... Monsieur le Duc[3], son frère, la chérissait ; mais naturellement

---

1. Le *fond* de cette histoire et presque tous les détails qu'elle contient sont vrais ; l'auteur les tient d'une personne (feu Mme la marquise de Puissieux-Sillery) qui fut aussi recommandable par la sincérité de son caractère que par la supériorité de son esprit, et que Mlle de Clermont honora pendant vingt ans, et jusqu'à sa mort, de son amitié la plus intime. Ce fut à Chantilly même, et dans la fatale allée qui porte encore le nom de Melun, que cette histoire fut contée pour la première fois à l'auteur, qui l'écrivit alors, et ensuite oublia ce petit manuscrit pendant trente ans. Il n'était pas entièrement achevé, on n'a fait que supprimer plusieurs détails et ajouter le dénouement.
2. Nom donné à l'une des plus charmantes parties des jardins.
3. Prince de sang et Premier ministre dans la jeunesse de Louis XV. On l'appe-

imposant et sévère, il avait sur elle la supériorité et tout l'ascendant que devaient lui donner le caractère, l'âge, l'expérience, et le rôle qu'il jouait dans le monde : aussi n'eut-elle jamais pour lui qu'une tendresse craintive et réservée, qui ressemblait moins à l'amitié d'une sœur qu'à l'attachement d'une fille timide et soumise. Ce fut à peu près dans ce temps que Mlle de Clermont parut à Chantilly pour la première fois. Jusqu'alors sa grande jeunesse l'avait empêchée d'y suivre Monsieur le Duc. Elle y arriva sur la fin du printemps ; elle y fixa tous les yeux et sut bientôt obtenir tous les suffrages. Les princesses ont l'avantage d'inspirer moins d'envie par leurs agréments que les femmes d'une condition ordinaire. Leur élévation semble éloigner les idées de rivalité ; d'ailleurs, avec de la grâce et de la bonté, elles peuvent sinon gagner tous les cœurs, du moins flatter la vanité des femmes de la société ; leurs préférences sont des faveurs, et la coquetterie, qui n'est elle-même qu'une ambition, leur pardonne leur succès, si elles sont affables et constamment obligeantes.

Chantilly est le plus beau lieu de la nature ; il offre à la fois tout ce que la vanité peut désirer de magnificence, et tout ce qu'une âme sensible peut aimer de champêtre et de solitaire. L'ambitieux y voit partout l'empreinte de la grandeur ; le guerrier s'y rappelle les exploits d'un héros. Où peut-on mieux rêver à la gloire que dans les bosquets de Chantilly ? Le sage y trouve des réduits retirés et paisibles, et l'amant s'y peut égarer dans une vaste forêt ou dans l'île d'Amour[4]. Il est difficile de se défendre de l'émotion qu'inspire si naturellement la première vue de ce séjour enchanté : Mlle de Clermont l'éprouva ; elle sentit

---

lait Monsieur le Duc, sans ajouter son nom, comme on avait désigné le grand Condé par le titre de Monsieur le Prince.
4. Nom d'une île ravissante près du château.

au fond de son cœur des mouvements d'autant plus dangereux qu'ils étaient nouveaux pour elle. Le plaisir secret de
fixer sur soi tous les regards et d'exciter l'admiration de
la société la plus brillante, la première jouissance des hommages et de toutes les prérogatives attachés au plus haut
rang ; l'éclat des fêtes les plus somptueuses et les plus ingénieuses ; le doux poison de la louange, si bien préparé là !
Des louanges qui ne sont offertes qu'avec un tour délicat
et neuf, et qui sont toujours si imprévues et si concises
qu'on n'a le temps ni de s'armer contre elles ni de les
repousser ; des louanges que le respect et le bon goût pres-
crivent de ne donner jamais qu'indirectement (eh ! comment
refuser celles-là ?) : que de séductions réunies ! Est-il possible, à vingt ans, de se défendre de l'espèce d'enivrement
qu'elles doivent inspirer ?

Mlle de Clermont avait toujours aimé la lecture ; ce goût
devint une passion à Chantilly. Tous les jours, après dîner,
jusqu'à l'heure de la promenade, on faisait, dans un petit
cabinet séparé, une lecture tout haut des romans les plus
intéressants, et communément c'était Mlle de Clermont qui
voulait se charger de cet exploit. Souvent l'excès d'un attendrissement qu'elle ne pouvait modérer la forçait de s'interrompre ; on ne manquait jamais, dans ces occasions, de louer
sa manière de lire et sa sensibilité. Les femmes pleuraient,
les hommes écoutaient avec l'expression de l'admiration et
du sentiment ; ils parlaient tout bas entre eux ; on les devinait ; quelquefois on les entendait (la vanité a l'oreille si
fine !). On recueillait les mots *ravissant ! enchanteur !...* Un
seul homme, toujours présent à ces lectures, gardait un
morne et froid silence, et Mlle de Clermont le remarqua.
Cet homme était le duc de Melun, dernier rejeton d'une
maison illustre. Son caractère, ses vertus lui donnaient une
considération personnelle, indépendante de sa fortune et de
sa naissance. Quoique sa figure fût noble et sa physio-

nomie douce et spirituelle, son extérieur n'offrait rien de brillant ; il était froid et distrait dans la société ; avec un esprit supérieur, il n'était point ce qu'on appelle un homme aimable, parce qu'il n'éprouvait aucun désir de plaire, non par dédain ou par orgueil, mais par une indifférence qu'il avait constamment conservée jusqu'à cette époque. Trop austère, trop éloigné de toute espèce de dissimulation pour plaire, il était cependant généralement aimé dans le monde ; on ne trouve pas que les gens vertueux soient amusants, mais, lorsqu'on les croit sincères, on pense qu'ils sont les amis les plus solides et les rivaux les moins dangereux, surtout à la cour : on a sur eux tant d'avantages ! Il est tant de moyens plaisants de réussir qu'ils rejettent ou qu'ils dédaignent... On ne craint d'eux que leur réputation, et cette espèce de crainte ne saurait inspirer la haine ; l'intrigue l'emporte si facilement sur les droits que peut donner le mérite le mieux reconnu ! Enfin le duc de Melun, avec la politesse la plus noble, n'avait aucune galanterie ; sa sensibilité même et une extrême délicatesse l'avaient préservé jusqu'alors d'un engagement formé par le caprice : à peine âgé de trente ans, il n'était encore que trop susceptible d'éprouver une grande passion ; mais, par son caractère et par ses mœurs, il était à l'abri de toutes les séductions de la coquetterie. Monsieur le Duc l'estimait profondément et l'honorait de sa confiance ; Mlle de Clermont le savait, et elle vit avec une sorte de peine qu'il fût le seul à lui refuser le tribut de louanges qu'elle recevait d'ailleurs de toutes les personnes de la société. Cependant, en réfléchissant à son assiduité, elle pensa que ces lectures n'étaient pas sans quelque intérêt pour lui ; elle eut la curiosité de questionner à cet égard la marquise de G., parente et amie de M. de Melun, et elle apprit, avec un dépit mêlé de chagrin, que M. de Melun avait toujours eu l'habitude, non d'écouter ces lectures, dit Mme de G. en riant, mais d'y assister. « Il préfère notre cabinet, continua la marquise, à la bruyante salle de billard et au salon qui, à cette époque de la journée, n'est occupé que par les joueuses de cavagnole ; il trouve qu'on peut rêver plus agréablement parmi nous ; il nous apporte toute sa distraction, et du moins nous ne pouvons lui reprocher de nous en causer, car il est impossible d'avoir un auditeur plus silencieux et plus immobile. »

Mlle de Clermont, vivement piquée, eut ce jour-là, pendant la lecture, plus d'une distraction ; souvent ses yeux se tournèrent vers le duc de Melun, plus d'une fois ses regards rencontrèrent les siens ; en sortant du cabinet elle résolut de lui parler.

Le soir, à la promenade, elle feignit d'être fatiguée, et pria le duc de Melun de lui donner le bras ; cette distinction parut le surprendre, et Mlle de Clermont, s'éloignant de quelques pas du reste de la compagnie : « J'ai une question à vous faire, dit-elle avec un sourire plein de charmes, et je me flatte que vous y répondrez avec votre sincérité accoutumée. Vous ne manquez pas une de nos lectures ; cependant j'ai cru m'apercevoir qu'elles vous causaient du dégoût et de l'ennui ; sans doute que le choix vous en déplaît, et que vous le trouvez trop frivole : je voudrais savoir là-dessus votre manière de penser ; l'opinion de l'ami de mon frère ne peut m'être indifférente. » À ces mots, le duc, étonné, resta un moment interdit, et, se remettant de son trouble : « Je vois sans peine, reprit-il, des gens d'un esprit médiocre et d'une condition ordinaire faire du temps précieux de la jeunesse un usage inutile et vain ; mais cet abus m'afflige vivement dans les personnes que leur rang et leur supériorité élèvent au-dessus des autres. Mademoiselle m'ordonne de lui ouvrir mon cœur, et elle vient d'y lire. » Le duc prononça ces dernières paroles avec émotion. Mlle de Clermont rougit, baissa les yeux, garda le silence quelques moments, ensuite elle appela une des dames qui la suivaient, ce qui termina cette conversation.

Le lendemain, à l'heure de la lecture, on présenta à Mlle de Clermont un roman commencé la veille ; elle le prit, et, le posant sur une table : « Je suis ennuyée des romans, dit-elle en regardant le duc de Melun ; ne pourrions-nous pas faire une lecture plus utile et plus solide ? » On ne manqua pas d'applaudir à cette idée, qui cependant déplut beaucoup en secret à plus d'une femme. On fut chercher un livre d'histoire que Mlle de Clermont commença avec un air d'application et d'intérêt qui n'échappa point à M. de Melun. Le soir, à souper, Mlle de Clermont le fit placer à côté d'elle. Ils gardèrent l'un et l'autre le silence, jusqu'au moment où la conversation générale devint assez bruyante pour favoriser un entretien particulier. « Vous avez vu tantôt, dit Mlle de Clermont, que je sais profiter des conseils qu'on me donne ; j'espère que cet exemple vous encouragera. - La crainte de vous déplaire, répondit le duc, pourrait seule réprimer mon zèle ; autorisé par vous, je sens qu'il n'aura plus de bornes. » Ces paroles, prononcées avec effusion, attendrirent Mlle de Clermont ; un regard plein de sentiment fut sa seule réponse. Elle n'avait jamais éprouvé autant de désir de plaire ; elle déploya dans cette soirée tous les charmes de son esprit ; et, de son côté, le duc l'étonna par une vivacité qu'on ne lui voyait jamais, par le choix et la délicatesse de ses expressions.

Les jours suivants, Mlle de Clermont n'osa donner au duc de Melun des préférences qu'on aurait fini par remarquer ; mais elle les prodigua à la marquise de G., cousine du duc, et intimement liée avec lui depuis son enfance. En amitié ainsi qu'en amour, les princesses sont condamnées à faire tous les premiers frais. Le respect défend de les prévenir, ou de s'approcher d'elles sans leur invitation. Il résulte de ces lois trop sévères, inventées par l'orgueil, que la princesse la plus fière fait souvent des démarches et des avances que très peu de femmes d'un rang inférieur oseraient se permettre.

La subite amitié de Mlle de Clermont pour Mme de G. parut extraordinaire à tout le monde. La marquise n'était plus de la première jeunesse, et elle avait plus de mérite que d'agréments ; cependant personne alors ne devina le motif de Mlle de Clermont. On imagina que Monsieur le Duc lui avait recommandé de se lier avec Mme de G., dont la réputation était parfaite à tous égards. M. de Melun n'osa s'arrêter aux idées que lui inspirait confusément cette intimité ; mais la marquise parut lui devenir plus chère encore : dès qu'elle était un moment éloignée de Mlle de Clermont, il se rapprochait d'elle et il avait avec elle dans ses manières quelque chose de plus affectueux qu'à l'ordinaire. Il se plaçait toujours à table à côté d'elle, et alors il n'était séparé de Mlle de Clermont que par elle : car la princesse, à dîner et à souper, ne manquait jamais d'appeler Mme de G., dont elle devint absolument inséparable.

Monsieur le Duc fut obligé de faire une course à Paris. Au jour fixé pour son retour, Mlle de Clermont imagina de lui préparer une espèce de fête terminée par un bal. Elle dansait parfaitement, M. de Melun ne l'avait jamais vue danser... Elle savait que, malgré son austérité, il aimait assez la danse, et qu'il était cité comme l'un des meilleurs danseurs de la cour.

Le soir, étant à sa fenêtre, elle vit passer, dans une des cours, Mme de G. et M. de Melun qui allaient se promener. Elle descendit seule précipitamment, elle fut les joindre, elle prit le bras du duc, et elle dirigea ses pas vers l'île d'Amour. Débarrassée, pour quelques instants, des entraves de l'étiquette, sans suite, presque tête à tête avec M. de Melun, il lui sembla qu'elle entrait pour la première fois dans cette île délicieuse dont elle ne prononça le nom qu'avec émotion. Mme de G. ne manquait pas d'esprit, mais elle avait un désagrément qui rend extrêmement insipide dans la société : celui de se répéter et de revenir continuellement sur les mêmes idées. M. de Melun lui inspirait autant d'estime et de confiance que d'amitié ; cependant elle avait avec lui, dans le monde, un ton fatigant de persiflage, qu'elle quittait rarement, et qu'elle prenait surtout quand elle voulait plaire. Elle plaisantait sans cesse, avec plus de monotonie que de finesse, sur sa froideur et sur sa distraction, et l'île d'Amour lui fournit un grand nombre de moqueries de ce genre. On s'assit en face d'un beau groupe en marbre, connu sous le nom de *La Déclaration* ; il représente un jeune homme aux pieds d'une nymphe, à laquelle il paraît faire une *déclaration*, tandis qu'il est lui-même instruit par l'Amour, debout à ses côtés et lui parlant tout bas à l'oreille. M. de Melun regardant fixement ces statues, la marquise se mit à rire : « Vous avez l'air, dit-elle, d'écouter ce jeune homme ; mais à quoi vous servirait de l'entendre ? Vous ne le comprendriez pas. - Je pensais, reprit M. de Melun, qu'ici surtout l'Amour devrait se condamner au silence, car toutes les expressions dont il pourrait se servir ont été profanées par le mensonge ou par la flatterie... - Voilà bien la réflexion d'un misanthrope ! s'écria la marquise. - Du moins, reprit Mlle de Clermont, ce n'est pas celle d'un courtisan ; mais elle est bien triste », ajouta-t-elle en soupirant. Cet entretien fut interrompu par un homme d'un certain âge, d'un extérieur noble et respectable, qui s'approcha de Mlle de Clermont pour lui présenter un placet. Cette princesse était naturellement affable ; d'ailleurs, la présence de M. de Melun ajoutait infiniment à sa bonté. L'inconnu fut accueilli avec tant de bienveillance qu'il entra dans quelques détails. Sa demande était parfaitement fondée ; c'était une grâce qui dépendait de Monsieur le Duc : il s'agissait de réparer une injustice qui ravissait à cet homme toute sa fortune ; mais l'affaire ne souffrait aucun retardement, il fallait obtenir le soir même la signature de Monsieur le Duc. Mlle de Clermont s'en chargea formellement, et ce fut avec autant de sensibilité que de grâce, d'autant mieux que M. de Melun, qui connaissait cette affaire, l'assura que cet homme méritait à tous égards sa protection. On retourna au château ; Mlle de Clermont entra un moment dans le salon ; tout le monde n'était point encore rassemblé ; elle s'assit auprès d'une table sur laquelle, en s'appuyant, elle posa le placet qu'elle venait de recevoir. Au bout de quelques minutes, on accourt pour l'avertir qu'un habit de bal qu'elle avait commandé venait d'arriver de Paris. Elle se leva précipitamment, emmena Mme de G., et sortit du salon. M. de Melun, resté seul auprès de la table, aperçut le placet oublié... Il le prit et le mit dans sa poche, décidé à ne le rendre que si on le redemandait. Il resta exprès dans le salon, afin de voir si on enverrait chercher ce placet reçu avant tant d'attendrissement ; mais l'habit de bal, mais l'attente d'une fête avaient fait oublier sans retour et le placet et l'homme intéressant et opprimé !

Monsieur le Duc n'arriva qu'à l'heure du souper ; M. de Melun ne se mit point à table. Il resta dans le salon. Mlle de Clermont regarda plus d'une fois du côté de la porte ; elle fut rêveuse et préoccupée pendant tout le temps du souper. En sortant de table, elle remonta dans son appartement, afin de s'habiller pour le bal, qui commença à minuit. Alors parut Mlle de Clermont, dans une parure éblouissante. À son aspect, il y eut dans toute la salle une espèce d'exclamation universelle... M. de Melun, placé dans un coin, la vit, soupira, et, sortant aussitôt de la galerie, il passa dans un salon où l'on jouait, il s'assit tristement dans l'embrasure d'une fenêtre, et, ne faisant nulle attention à tout ce qui l'entourait, il tomba dans la plus profonde rêverie.

Cependant Mlle de Clermont, en dansant la première contredanse, jetait autour d'elle des regards inquiets, et cherchait vainement le seul objet dont elle désirât le suffrage... La contredanse lui parut d'une longueur mortelle ; quand elle en fut quitte, elle se plaignit du chaud, afin d'avoir un prétexte de traverser la galerie et d'aller dans la pièce à côté. Mme de G. l'accompagna. En entrant dans le salon des joueurs, elle aperçut dans l'instant M. de Melun, quoiqu'elle ne pût voir qu'un pan de son habit. Elle dirigea ses pas de ce côté ; à quelque distance de la fenêtre, Mme de G. s'arrêta pour parler à quelqu'un, et Mlle de Clermont, s'avançant, se trouva seule auprès du duc qui se leva en tressaillant. « Eh ! bon Dieu, monsieur de Melun, s'écria-t-elle, que faites-vous donc là ? » À cette question, le duc répondit d'un ton glacial qu'il s'était placé à l'écart parce qu'il ne voulait ni danser ni jouer. Mlle de Clermont resta pétrifiée. La marquise survint, qui, suivant sa coutume, adressa à M. de Melun plusieurs plaisanteries sur *sa sau-* ~unsociabilit~ *vagerie.* Mlle de Clermont s'éloigna brusquement, et se hâta de rentrer dans la galerie. Blessée, irritée autant que surprise, mais soutenue par la fierté et par le dépit même, elle se remit à danser, en montrant la plus grande gaieté ; elle trouvait une sorte de soulagement dans cette affectation. C'était une vengeance. D'ailleurs, elle espérait toujours que M. de Melun viendrait au moins faire un tour dans la galerie ; mais il n'y parut point. Il fut demandé vainement par plusieurs danseuses, qui lui envoyèrent une députation qui ne le trouva plus dans la salle de jeu, et qui vint dire que vraisemblablement il était allé se coucher. Alors Mlle de Clermont perdit subitement toute sa gaieté factice ; le bal devint pour elle mortellement insipide ; elle ne sentit plus qu'un invincible ennui et le désir de se retrouver seule. Monsieur le Duc fut se coucher à deux heures, et, peu de temps après, Mlle de Clermont se retira. Elle ne s'avouait point encore ses sentiments secrets ; rien de frivole n'avait contribué à les faire naître : ce n'était ni la figure ni les agréments de M. de Melun qui avaient fixé son attention sur lui ; c'était encore moins sa galanterie : elle ne l'avait distingué que par son austérité, par sa raison et par la droiture de son caractère ; ce qu'elle éprouvait n'était donc point de l'amour. Elle cherchait un ami vertueux et sévère : comment s'alarmer d'un attachement de ce genre ? C'est ainsi qu'elle raisonnait. Par la suite l'expérience lui apprit que, pour les femmes honnêtes et sensibles, le véritable amour n'est autre chose qu'une amitié exaltée, et que celui-là seul est durable. C'est pourquoi l'on peut citer tant d'exemples de femmes qui ont eu de grandes passions pour des hommes avancés en âge ou d'un extérieur repoussant.

Mlle de Clermont fit les plus tristes réflexions sur la conduite du duc de Melun. Depuis plus de trois semaines elle voyait en lui, malgré son extrême réserve, tous les signes et tous les vrais témoignages d'un vif intérêt : il n'entrait jamais dans le salon sans la chercher des yeux ; ses regards se portaient sur elle avec une expression particulière, le son de sa voix était plus doux en lui parlant... Ce jour même il s'était entretenu avec elle d'une manière si agréable, et qui souvent avait eu quelque chose de si affectueux !... Il aimait la danse, il en était convenu... Pourquoi donc ce caprice ? pourquoi ce ton si sec, rempli d'humeur, et cette affectation si peu polie de ne pas paraître un instant dans la salle de bal ?... Ces diverses pensées occupèrent Mlle de Clermont durant la plus grande partie de la nuit ; cependant elle se leva de bonne heure ; elle sortit dans l'intention d'aller se promener ; en passant dans son salon, elle éprouva une surprise peu agréable en apercevant l'homme qui, la veille, lui avait présenté un placet dans l'île d'Amour ; elle se rappela avec douleur l'oubli total d'une promesse solennelle qui avait eu pour témoin M. de Melun... Qu'allait-elle répondre à cet homme malheureux qui avait compté sur sa parole ? Comment pourrait-elle réparer une négligence si coupable, et qu'en penserait M. de Melun ?... Toutes ces idées se présentèrent à la fois à son imagination, et lui causèrent un trouble inexprimable. Elle s'arrêta sans avoir la force de dire un seul mot, et l'homme au placet, s'approchant d'elle avec une physionomie qui exprimait la joie la plus vive : « Je viens, dit-il, remercier Votre Altesse sérénissime, à laquelle je dois le repos et le bonheur de ma vie... - Comment ? - M. le duc de Melun, qui m'a fait l'honneur de venir chez moi ce matin, m'a appris ce que je devais à vos bontés ; il a daigné m'apporter le consentement du prince obtenu hier au soir à la sollicitation de Mademoiselle... - M. de Melun vous a dit cela ? - Oui, mademoiselle, en me rendant, avec la signature du prince, le mémoire que j'ai pris la liberté de vous remettre hier. »

À ces mots, Mlle de Clermont balbutia quelques mots obligeants sur le plaisir que lui causait le succès de cette affaire, et sur-le-champ elle se rendit chez Monsieur le Duc, qui lui confirma tout ce qu'on venait de lui dire. « Vous devez des remerciements à M. de Melun, continua Monsieur le Duc, pour la chaleur qu'il a mise dans cette affaire, parce qu'il savait, m'a-t-il dit, qu'elle vous intéresse vivement. En rentrant pour me coucher, je l'ai trouvé établi chez moi, m'attendant de pied ferme pour me forcer, malgré ma lassitude et l'heure indue, à écouter la lecture d'un placet, et ensuite à l'apostiller de ma main. »

Ce détail acheva de porter au comble la douloureuse confusion de Mlle de Clermont ; elle se hâta de quitter Monsieur le Duc pour aller se promener, sûre de trouver à cette heure M. de Melun près du grand canal : une femme connaît si promptement toutes les habitudes de l'objet qu'elle aime, et sans avoir l'air de s'en informer ! Les femmes seules possèdent le secret d'apprendre parfaitement tout ce qu'elles n'osent demander, par l'art de savoir faire des questions indirectes avec une adresse inimitable. En effet, Mlle de Clermont trouva M. de Melun seul sur les bords du canal. « J'ai des remerciements à vous faire », dit-elle en quittant les dames qui l'accompagnaient ; et, s'avançant précipitamment vers lui, elle prit son bras, et, s'éloignant de manière à n'être entendue de personne : « Ah ! monsieur de Melun, dit-elle, quelle opinion avez-vous de moi ! Oh ! ne me jugez point sur une action que je me reprocherai toute ma vie... Il est vrai, cette fête, ce bal m'ont causé la plus inexcusable distraction ; mais ne l'attribuez point à la coquetterie, vous seriez injuste... Une idée bien différente m'occupait. Je ne puis vous parler qu'un moment, et j'aurais tant de choses à vous dire !... Je voudrais me justifier, et je dois vous remercier... Vous avez réparé ma faute, vous avez rempli mon devoir... Ah ! si vous saviez à quel point je suis pénétrée de ce procédé ! Le plaisir de vous admirer me dédommage de la juste confusion que j'éprouve ; mais, si j'ai perdu votre estime, qui me consolera ?... » À ces mots, elle regarda M. de Melun, et elle vit ses yeux remplis de larmes ; les siennes coulèrent ; elle serra doucement le bras qu'elle tenait ; le duc pâlit, ses jambes chancelèrent... Six personnes clairvoyantes et curieuses étaient à quelques pas de lui ; l'excès de son émotion, de sa contrainte et de ses inquiétudes rendait sa situation aussi pénible qu'embarrassante... Mlle de Clermont, plus heureuse, ne sentait que la joie d'avoir lu dans son cœur. Tous les deux gardaient le silence, et, sans effort, ils venaient de s'entendre !... Enfin Mlle de Clermont, reprenant la parole : « Voilà donc pourquoi, dit-elle en souriant, vous n'avez pas voulu danser hier ?... - J'avoue, répondit le duc, que j'avais un peu d'humeur contre le bal... - Ah ! s'écria Mlle de Clermont, ce n'était point le bal... » Elle s'arrêta et rougit... « *Le bal !* reprit-elle, je le déteste, et je fais vœu de passer une année entière sans danser. - Une année entière ! - Oui, je le jure à monsieur de Melun. - Et les bals de la cour ? - Je trouverai un pré-texte pour n'y point danser, et laissez-moi croire que ce petit sacrifice sera une espèce d'expiation, à vos yeux, d'une légè-reté qui a dû vous donner de mon caractère une opinion si défavorable. » En prononçant ces paroles, elle se tourna vers les personnes qui la suivaient et fut les rejoindre. Toute cette journée fut pour elle un enchantement : elle avait vu M. de Melun pâlir et s'attendrir ; cet homme si sage, si austère, si maître de lui-même, si froid en apparence, elle l'avait vu se troubler, chanceler, et près de se trouver mal !... Qu'elle était heureuse et fière en se retraçant ce moment de saisissement et de bonheur !... Comme elle fut aimable, accueillante, tout le reste du jour, et contente de tout ce qui l'entourait ! À dîner, elle appela M. de Melun et Mme de G., et les fit placer à ses côtés. Comme toutes les plaisanteries les plus rebattues de la marquise lui furent agréables ! Comme elle en rit naturellement ! Pour le duc, il ne riait pas ; il ne fut jamais plus silencieux et plus taci-turne ; mais son regard était si doux ! et, quand il ne répon-dait pas, il soupirait : ce qui vaut mieux, en présence d'un tiers, que la réponse la plus spirituelle.

À l'heure de la promenade, au moment de monter en ca-lèche, une des dames de Mlle de Clermont voulut pren-dre, des mains d'une jeune paysanne, un placet présenté à la princesse : « Donnez, dit cette dernière en regardant M. de Melun, donnez-moi ce placet, je ne le perdrai pas. » Et, se retournant vers la jeune paysanne, elle l'invita à reve-nir au château dans la soirée, car sa jolie figure et son air abattu faisaient pressentir que sa demande devait être inté-ressante. Le placet fut lu dans la calèche ; il contenait la plainte naïve et touchante d'une jeune fille séduite et aban-donnée par un valet de pied de la princesse. Qu'elle fut bien inspirée, cette jeune fille, en présentant son placet ce jour-là ! Elle l'avait terminé par cette phrase : « Si Votre

Altesse m'abandonne, je n'aurai plus d'autre ressource que de m'aller jeter dans le grand canal. »

M. de Melun était dans la calèche ; le secret de la jeune fille pouvait-il être bien gardé ? Comment laisser échapper une telle occasion de parler d'*amour*, de *malheur*, de *désespoir*, et de montrer toute sa sensibilité ? Pardonnons à l'amour un peu d'ostentation, le seul désir de plaire ou de briller en donne tant !...

Mlle de Clermont retrouva la paysanne au château ; le valet de pied fut appelé, sermonné, la jeune fille richement dotée, les deux amants raccommodés, et l'engagement du mariage irrévocablement pris.

Après souper, on proposa une promenade sur l'eau, et l'on se rendit au canal de Chantilly, où l'on trouva plusieurs gondoles illuminées, suivies de petites barques remplies de musiciens. Un temps pur et serein, le calme de la nuit, une musique délicieuse, la lumière douce et tendre du plus beau clair de lune, tout portait au fond du cœur de Mlle de Clermont des impressions d'autant plus vives qu'elles étaient nouvelles. Dans un moment où la conversation générale était extrêmement bruyante, Mlle de Clermont, sous prétexte de vouloir entendre mieux la musique, se retira dans le coin le plus obscur de la gondole. Elle s'abandonnait au charme d'une rêverie profonde, lorsqu'un mouvement qu'elle entendit derrière elle lui fit tourner la tête, et elle vit le duc de Melun qui paraissait vouloir s'éloigner. « Quoi donc ! dit-elle en rougissant, c'est moi qui fais fuir M. de Melun ! - J'ai craint, reprit le duc, de troubler la solitude que Mademoiselle semble chercher... - En la partageant, interrompit-elle vivement, vous la rendrez plus agréable. » M. de Melun ne répondit que par une inclination respectueuse. Il garda le silence un instant... Enfin, prenant la parole, d'une voix basse et tremblante : « Mademoiselle, dit-il, n'a-t-elle point d'ordre à donner pour Paris ? Je compte partir à la pointe du jour. » Dans la disposition où se trouvait Mlle de Clermont, elle ne s'attendait guère à ce départ précipité. L'adieu de M. de Melun la rendit interdite, et, ne pouvant dissimuler entièrement ce qui se passait dans son âme : « Il faut donc, reprit-elle en le regardant fixement, que vous ayez des affaires bien importantes pour nous quitter d'une manière si brusque et si imprévue ? » Le ton interrogatif de Mlle de Clermont indiquait une question.

Le duc parut embarrassé : « Le respect, répondit-il, est souvent un obstacle à la confiance... - J'entends cette défaite, interrompit Mlle de Clermont ; elle ne me satisfait pas, mais elle me suffit. » Ces mots, prononcés avec beaucoup de feu, firent soupirer M. de Melun ; il leva les yeux au ciel, et, en les baissant, il rencontra ceux de Mlle de Clermont, plus beaux, plus touchants, plus expressifs, qu'ils ne furent jamais : il allait parler, et peut-être trahir entièrement les secrets de son cœur, lorsque Monsieur le Duc, s'approchant, mit fin à cet entretien si pénible et si dangereux.

Au moment où le jour commençait à paraître, on le vint dire à Mlle de Clermont, qui, de premier mouvement, s'écria : « Quoi ! déjà... Ah ! que j'en suis fâchée, et que je regrette la nuit ! » Ces paroles furent entendues de M. de Melun, et la sensibilité dont elles le pénétrèrent fut une nouvelle raison pour lui de hâter son départ ; il comprit trop à quel point il était nécessaire. À l'instant où l'on descendait des gondoles pour retourner au château, M. de Melun s'approcha de Monsieur le Duc, feignit d'avoir reçu des lettres qui demandaient sa présence à Paris, prit congé de lui, et s'arracha de Chantilly avec autant de peine que de courage. Son départ acheva d'éclairer Mlle de Clermont sur le sentiment qui la dominait. Livrée à l'ennui, aux regrets, à ce vide affreux qu'on éprouve loin du seul objet qui peut intéresser, elle n'avait qu'une consolation, l'espoir de son retour, et qu'un plaisir, celui de guetter à sa fenêtre toutes les voitures qui arrivaient dans la cour. Lorsqu'elle était dans le salon, elle entendait toujours la première le bruit d'un carrosse, ou celui d'un fouet de poste. Alors, les yeux attachés sur la porte, elle attendait avec saisissement que cette porte s'ouvrît ; et quelle désagréable sensation lui causait la personne qui entrait (quelque aimable qu'elle fût) ! ce n'était pas M. de Melun !... Quinze mortels jours se passèrent de la sorte. Le duc ne revint pas ; mais enfin le voyage finit. Avec quelle joie secrète Mlle de Clermont retourna à Paris, en songeant qu'elle allait se retrouver dans les lieux que M. de Melun habitait !... La première fois que le hasard le lui fit rencontrer, son trouble fut inexprimable ; il lui semblait que tous les yeux étaient fixés sur elle et lisaient au fond de son âme ; mais son agitation et son embarras ne furent remarqués que de l'objet qui les causait. Le duc, toujours prêt à se trahir, eut assez de force et de vertu pour la fuir encore de nouveau, malgré la certitude d'être aimé. Tout est compensé dans la nature : si les cœurs sensibles sont souvent ingénieux à se tourmenter, ils ne le sont pas moins à chercher, à trouver des consolations et des dédommagements dans les choses même les plus affligeantes.

Mlle de Clermont voyait dans le soin que M. de Melun mettait à l'éviter une raison de plus d'admirer son caractère ; et tout ce qui attache davantage à l'objet qu'on aime est un bonheur.

Cependant M. de Melun rencontrait souvent Mlle de Clermont, surtout à la cour. L'hiver avançait, et l'on annonça un bal paré à Versailles, dans lequel le roi, devant danser un quadrille, nomma pour sa danseuse Mlle de Clermont. Cette dernière, se trouvant à souper chez Monsieur le Duc avec M. de Melun, lui demanda s'il se souvenait de la promesse qu'elle lui avait faite d'être un an sans danser. « Si je m'en souviens !... » reprit vivement M. de Melun. Il n'osa poursuivre. « Eh bien ! dit Mlle de Clermont, vous qui êtes aussi du quadrille de la cour, vous savez que je suis désignée pour danser avec le roi ! - Aussi, répondit M. de Melun en souriant, avais-je eu l'honneur de dire à Mademoiselle qu'un *tel vœu* serait pour elle d'une difficile exécution. Convenez que vous n'avez regardé cet engagement que comme une façon de parler... Mademoiselle, en y réfléchissant, a dû voir qu'il lui serait impossible à son âge et dans sa situation. - *Impossible !*... Combien il y a peu de choses impossibles quand... » Elle rougit, n'acheva pas, et détourna la tête. Un moment après, reprenant la conversation : « Vous croyez donc, reprit-elle, que je danserai au bal paré ? » À cette question, le duc la regarda fixement d'un air étonné. « Non, monsieur, continua-t-elle, je ne danserai que l'été prochain, *à Chantilly.* » Comme elle disait ces mots, elle se leva de table, et l'on passa dans le salon. Le lendemain, Mlle de Clermont écrivit à son frère qu'en descendant seule l'un des petits escaliers de son appartement, elle s'était donné une entorse. Monsieur le Duc reçut ce billet à l'heure de son audience, et cette nouvelle se répandit aussitôt dans tout Paris. Le chirurgien attaché à la princesse, et gagné par elle, déclara qu'il avait vu son pied, et que la princesse serait obligée de garder sa chambre six semaines. Elle se mit dans une chaise longue, et reçut ainsi les visites de toute la cour. Le duc de Melun y accourut. Il ne savait que penser ; il se doutait bien, d'après l'entretien de la veille, que c'était une feinte ; cependant il était possible que l'accident fût réel. Le premier regard de Mlle de Clermont le tira de son incertitude ; elle sourit en l'apercevant ; et, dans le moment où il entra, plusieurs personnes s'en allant et les dames de Mlle de Clermont les reconduisant, il s'approcha de sa chaise-longue : « Eh bien ! lui dit Mlle de Clermont, était-ce une chose *impossible* ?... Et maintenant croirez-vous que ce fut le bal ou le désir de briller dans une nombreuse assemblée qui me fit oublier le placet ?... - Ah ! reprit le duc avec attendrissement, pourquoi nous punir tous, quand un seul mot vous suffisait ? » Il n'en put dire davantage, les dames de Mlle de Clermont se rapprochaient d'elle.

Mlle de Clermont resta en effet six semaines dans sa chambre, et sur une chaise longue : elle fut remplacée dans le quadrille de la cour ; et, comme le roi avait annoncé qu'il y aurait encore un bal, uniquement pour dédommager Mlle de Clermont de n'avoir pu aller au premier, elle prit le parti de feindre d'être boiteuse ; elle emmaillota son pied droit de manière à le grossir excessivement, et parut ainsi à la cour. M. de Melun, qui depuis l'histoire de la fausse entorse allait assidûment chez Mlle de Clermont, y fut ce soir-là de si bonne heure qu'il trouva le salon vide. Lorsqu'on fut dire à la princesse qu'il venait d'arriver, elle donna l'ordre d'avertir ses dames ; mais elle ne les attendit pas, elle se hâta d'entrer dans le salon. M. de Melun, la voyant marcher sans boiter, la regardait de l'air le plus touché. « Voyez, dit-elle, comme votre vue me guérit de mes maux !... - Ah ! s'écria le duc en mettant un genou en terre, quelle raison humaine pourrait tenir à tout ce que j'éprouve depuis six semaines ?... »

C'était enfin parler. Mais aussi c'était la première fois qu'il se trouvait tête à tête avec celle qu'il adorait, et qui lui donnait de ses sentiments des preuves si extraordinaires. Mlle de Clermont, toujours debout, fut si émue, si tremblante, qu'elle s'appuya contre une table... Le duc, toujours à genoux, fondit en larmes... On entendit du bruit dans l'antichambre : « Pour toujours ! » dit Mlle de Clermont d'une voix entrecoupée. « Jusqu'au tombeau ! » répondit le duc en se relevant et en essuyant ses yeux. La porte s'ouvrit, les dames de la princesse entrèrent. Cette dernière eut assez de présence d'esprit pour conter qu'en entrant dans le salon, le battant de la porte était tombé sur son pied malade, et qu'il lui était échappé un cri qui avait causé une frayeur extrême à M. de Melun. Cette histoire prévint l'étonnement qu'aurait excité l'altération qu'il était impossible de ne pas remarquer sur le visage de Mlle de Clermont et sur celui de M. de Melun.

Quelle révolution cette soirée produisit dans l'existence de Mlle de Clermont ! Elle était adorée, elle avait reçu le serment de l'être toujours... *jusqu'au tombeau !...* Ces paroles étaient sorties de la bouche de M. de Melun !... Quels projets formait Mlle de Clermont ? Aucun. Animée d'une seule pensée, elle se répétait : « Il m'aime, il me l'a dit ! » Ce souvenir, cette idée occupaient son âme tout entière ; l'avenir ne pouvait l'inquiéter ; elle n'y voyait que son amant fidèle *jusqu'au tombeau...* Des obstacles ? en existait-il ? Qu'avait-elle à craindre ? elle était sûre d'être aimée...

Cependant M. de Melun, un peu rendu à lui-même, fut épouvanté de sa faiblesse : il avait trente ans, il était l'ami de Monsieur le Duc, dont il possédait toute la confiance, auquel il avait les plus grandes obligations ; et il venait de déclarer une passion extravagante à sa sœur, à une princesse du sang, jeune, sans expérience... Il savait que Monsieur le Duc s'occupait dans ce moment d'une négociation dont le but était le mariage de Mlle de Clermont avec une tête couronnée... Dans sa situation, profiter de ses sentiments, achever de la séduire, c'était bouleverser sa destinée, c'était la perdre, et manquer à tous les devoirs de la reconnaissance et de la probité. Il n'hésita pas à sacrifier sa passion à son devoir ; mais comment se conduire après son imprudence de la veille, après avoir fait la déclaration la plus formelle !... Le résultat de ces réflexions fut d'écrire à Mlle de Clermont une lettre conçue en ces termes :

Je ne fus hier qu'un insensé, je serais aujourd'hui le plus vil des hommes si je n'éprouvais pas des remords trop fondés !...
Je voudrais pouvoir racheter de mon sang un aveu téméraire

et coupable ; mais, du moins, je jure, par le sentiment même qui m'égare, de garder désormais un silence éternel... Ce sentiment, devenu tout pour moi, me rendra tout possible ; je m'éloignerai, mais pour votre repos, pour votre réputation, pour votre gloire. Je souffrirai, mais pour vous !... Ah ! remplissez vos nobles destins, et ne me plaignez point !... Depuis six mois, ai-je une autre existence que la vôtre ? Ne m'est-il pas aussi nécessaire de vous voir l'objet de l'admiration universelle que de m'estimer moi-même ? Soyez paisible, soyez heureuse, et mon sort ne sera-t-il pas encore assez beau ?...

Il venait de terminer cette lettre lorsqu'on entra pour lui annoncer un page de Mlle de Clermont, qui entra et lui remit un billet de la princesse, le premier billet qu'il eût reçu d'elle, un billet de son écriture !... Il l'ouvrit avec un trouble inexprimable ; mais ce billet ne contenait rien d'intéressant : il était écrit à la tierce personne ; la princesse demandait à M. de Melun, pour une de ses dames, sa loge à la Comédie-Française. M. de Melun répondit verbalement qu'il allait porter lui-même ce qu'on lui demandait, et le page sortit. Quand M. de Melun fut seul, il examina avec attention le billet de la princesse ; et quels furent sa surprise et son attendrissement en lisant sur le cachet ces mots qu'il avait prononcés la veille : *Jusqu'au tombeau !*

Mlle de Clermont, le soir même, avait envoyé chez son graveur l'ordre de tracer ces paroles sur un cachet tout fait, et de le lui envoyer le lendemain à midi ; ce qui fut exécuté. Afin d'employer ce cachet, elle saisit le prétexte que lui fournit une de ses dames, qui témoigna le désir d'aller à la Comédie ; elle écrivit en sa présence à M. de Melun, pour demander la loge ; le cachet disait assez pour qu'elle se consolât de ne pouvoir écrire que deux lignes insignifiantes.

M. de Melun se rendit chez Mlle de Clermont ; elle était seule avec sa dame d'honneur à laquelle il présenta le billet de loge pour l'offrir à la princesse. Un instant après, la dame d'honneur se leva pour aller chercher son sac à ouvrage, qui était à l'autre extrémité de la chambre. Tandis qu'elle avait le dos tourné, M. de Melun, d'un air aussi timide que touché, posa sur un guéridon, à côté de la princesse, la lettre qu'il venait d'écrire : la princesse rougit, mit son mouchoir sur la lettre, et, appuyant son bras et sa main sur le guéridon, elle resta dans cette attitude. M. de Melun prit congé d'elle, et la princesse, saisissant la lettre avec le mouchoir qui l'enveloppait et la cachait, se hâta de se retirer dans son cabinet.

M. de Melun passa le reste de la journée renfermé chez lui. Le lendemain il eut le désir de revoir Mlle de Clermont, afin de connaître, du moins à peu près, l'effet que sa lettre avait produit sur elle. Il fut souper chez Monsieur le Duc, sachant que Mlle de Clermont y serait. Il lui trouva l'air agité, mais satisfait. Pendant qu'on arrangeait les parties de jeu et que tout le monde était debout, elle s'approcha de lui, et, en lui demandant à voir la carte qu'il avait tirée, elle la lui rendit avec un billet que M. de Melun mit aussitôt dans son sein. Malgré la présence de Mlle de Clermont, l'impatience de lire sa réponse lui fit paraître la soirée bien longue. Il se retira de bonne heure ; et, lorsqu'il fut chez lui, il s'empressa d'ouvrir le billet fermé avec le cachet nouveau, et ne contenant que ce qui suit :

Pour toujours !...

Louise de Bourbon-Condé

C'était le serment échappé la veille à Mlle de Clermont, au moment où M. de Melun se mit à genoux devant elle, et c'était avec réflexion qu'elle le répétait et le signait. Qu'aurait exprimé de mieux et de plus une longue lettre ? M. de Melun baisa ce touchant écrit, et, le remettant sur son sein : « Tu resteras là, dit-il, jusqu'au dernier soupir, jusqu'au dernier battement de ce cœur sensible et déchiré... »

On était au mois de février. Quelques jours après, sous prétexte d'arrangement d'affaires, le duc partit pour une terre qu'il avait en Languedoc, décidé à y rester trois ou quatre mois.

Ce départ causa autant de chagrin que d'étonnement à Mlle de Clermont ; et lorsque, au bout de deux mois, elle vit que M. de Melun ne revenait pas, elle tomba dans une mélancolie dont rien ne put la distraire. Tout le monde attribua sa tristesse au mariage brillant dont il était question pour elle, et qui devait l'éloigner à jamais de la France. Monsieur le Duc, en effet, lui en avait parlé ; mais, l'ayant trouvée entièrement opposée à ce projet, il lui avait demandé d'y réfléchir mûrement, et de l'instruire de sa dernière résolution à cet égard dans le cours du mois de mai. À cette époque revint le duc de Melun, après une absence de trois mois. Le lendemain de son arrivée, la marquise de G. vint trouver Mlle de Clermont pour lui faire une confidence au sujet de M. de Melun. Le comte de B., d'une richesse immense, n'avait qu'une fille unique, âgée de dix-sept ans, aimable et belle. Cette jeune personne, dont le père commandait en Languedoc, avait beaucoup vu le duc dans cette province ; ses parents, amis de la marquise, lui avaient confié qu'ils désiraient passionnément l'alliance du duc de Melun, et d'autant plus qu'ils soupçonnaient que leur fille avait de l'inclination pour lui. Après ce récit, Mme de G. demanda à Mlle de Clermont d'engager Monsieur le Duc à parler à M. de Melun sur une affaire si avantageuse pour lui. « Je compte aussi, continua la marquise, lui dire à cet égard tout ce que je pense ; mais, comme il a toujours montré beaucoup d'éloignement pour le mariage, je désire vivement être secondée par Monsieur le Duc, qui a tant d'ascendant sur son cœur et sur son esprit. » Mlle de Clermont interrompit la marquise pour la questionner sur Mlle de B., dont la marquise fit le plus grand éloge. Mlle de Clermont promit de parler à son frère.

Cette conversation causa à Mlle de Clermont la plus vive inquiétude qu'elle eût encore éprouvée. Mlle de B. aimait le duc de Melun, et elle était charmante... Tous les amis de M. de Melun allaient se réunir pour lui vanter tous les avantages de cette alliance... Quels tristes sujets de réflexion ! « Hélas ! se disait-elle, le sentiment qu'on suppose à Mlle de B. (et qu'elle n'a peut-être pas) intéresse tout le monde ; et moi, pour éviter un blâme universel, je dois cacher celui que j'éprouve ! Cependant je suis libre aussi... Que je le hais, ce rang funeste où le sort m'a placée !... M. de Melun, lui-même, croit que je dois à cette odieuse élévation le sacrifice d'un attachement si tendre ; il croirait, en y répondant, se rendre indigne de l'inspirer... Ne s'est-il pas déjà rétracté ? N'a-t-il pas fui loin des lieux que j'habitais !... Il épousera peut-être Mlle de B. par reconnaissance, tandis qu'avec moi le parjure, l'ingratitude et la barbarie ne lui paraissent que de la générosité !... » Des larmes amères accompagnaient ces tristes réflexions. Cependant elle se décida à faire auprès de Monsieur le Duc la démarche qu'on désirait, d'ailleurs c'était un prétexte pour parler de M. de Melun, et c'était un moyen prompt d'apprendre avec certitude ses sentiments à cet égard. Monsieur le Duc était à Versailles pour trois jours ; il fallait attendre son retour. Pendant ce temps, Mlle de Clermont ne revit point M. de Melun ; mais elle sut qu'il était maigri, et plus distrait que jamais ; elle sut aussi tous les détails imaginables sur Mlle de B., sur sa figure, sur son caractère, sur ses talents. Elle n'aurait pu la méconnaître si elle l'eût rencontrée.

Aussitôt que Monsieur le Duc fut revenu de Versailles, Mlle de Clermont lui rendit compte de tout ce que Mme de G. lui avait dit, et elle eut assez d'empire sur elle-même (les princesses en ont plus que les autres femmes) pour montrer le désir de voir réussir ce mariage. Monsieur le Duc réfléchit un moment, ensuite il dit à Mlle de Clermont que, M. de Melun ayant beaucoup d'attachement pour elle, il désirait qu'elle lui parlât aussi. « Je le verrai demain matin, continua-t-il, et ensuite je vous l'enverrai. » Ceci n'était pas dit sans dessein ; Monsieur le Duc n'avait encore aucun soupçon des sentiments mutuels de sa sœur et de M. de Melun, mais il savait que ce dernier avait obtenu l'estime et la confiance de Mlle de Clermont, et il voulait l'engager à lui parler du mariage pour lequel elle montrait tant d'éloignement. En effet, il donna cette commission à M. de Melun, en ajoutant : « Puisqu'elle tâchera de vous déterminer à ne point refuser un établissement avantageux, vous aurez bien le droit de lui donner un semblable conseil pour elle-même. » M. de Melun, désirant et craignant également de revoir Mlle de Clermont après une aussi longue absence, et cependant heureux de penser qu'il allait l'entretenir sans témoins, se rendit chez elle, en se promettant de lui parler avec une raison parfaite. « Pour son repos, se disait-il, pour le mien, il faut que je lui parle avec détail ; mon courage peut seul ranimer le sien ; je la déciderai au sacrifice d'un sentiment que tout condamne : c'est ainsi que je dois profiter de l'ascendant que j'ai sur elle. » Fortifié par ces pensées, M. de Melun arriva à midi chez Mlle de Clermont ; il était attendu... On le fit entrer dans un salon, au rez-de-chaussée, dont les portes de glaces donnaient sur un jardin. On le pria d'attendre là, parce que la princesse était encore dans sa chambre. Au bout de quelques minutes, la porte s'ouvrit ; Mlle de Clermont, suivie de deux dames, parut et s'avança vers le duc... Un regard souvent éclaircit tant de choses ! À peine Mlle de Clermont eut-elle jeté les yeux sur M. de Melun que sa jalousie et ses inquiétudes se dissipèrent ; elle cessa de craindre Mlle de B.

Elle invita M. de Melun à passer avec elle dans le jardin ; elle appuya sur son bras une main charmante, ornée d'un bracelet qui fixa toute l'attention de M. de Melun. On entra dans le jardin ; les dames de la princesse s'assirent et restèrent sur un banc ; la princesse continua sa promenade. M. de Melun, les yeux fixés sur le bracelet, tressaillit en lisant ces mots tracés en lettres de diamants : *Pour toujours !* La princesse lui montra l'autre bracelet, qui contenait la réponse de M. de Melun : *Jusqu'au tombeau !* « Ces deux serments, dit-elle, sont *ineffaçables*... C'est en vain qu'on voudrait les rétracter !... - Les rétracter, grand Dieu ! reprit M. de Melun ; j'ai pu me repentir de mon imprudence et de ma témérité, mais non d'un sentiment qui m'élève à mes propres yeux et qui m'est aussi cher que l'honneur. - Et pourquoi donc fuir ? - Pour conserver votre estime. - Ah ! restez près de moi pour me guider, pour m'éclairer... - Suivrez-vous mes conseils ? - En doutez-vous ? - Remplissez donc votre destinée ; honorez la suprême puissance en montant sur le trône qu'on vous offre. - C'est vous qui m'exilez pour jamais de ma patrie ! Songez-vous à l'éternel adieu que vous recevriez de moi ?... Si vous avez la force de soutenir cette image, ne me supposez pas ce courage inhumain... Enfin que me proposez-vous ? De rendre criminel le sentiment qui m'attache à vous ; maintenant, malgré tous les préjugés qui le réprouvent, il est innocent, il ne changera jamais... Ah ! combien ma liberté m'est chère ! Du moins elle me donne le droit de vous aimer sans remords... » Ce langage séducteur ébranla toutes les résolutions austères de M. de Melun ; il se rappela bien toutes les choses raisonnables qu'il avait eu le projet de dire ; mais, dans ce moment, elles lui parurent déplacées ou trop dures : au reste, il se trouvait héroïquement vertueux, en pensant qu'un autre à sa place aurait fait éclater tous les transports de l'amour et de la reconnaissance ; il est vrai, il ne peignait pas sa passion, mais il la laissait voir tout entière : un sage amoureux, tête à tête avec l'objet qu'il aime, est tout aussi faible qu'un homme ordinaire. La sagesse en amour ne peut servir qu'à faire éviter le danger ; elle a rarement assez de force pour le braver.

M. de Melun s'oublia deux heures avec Mlle de Clermont ; il ne lui parla que d'elle et de ses sentiments, et mille fois il jura de lui consacrer sa vie. Il fallut enfin se séparer ; il fallut, en sortant de chez Mlle de Clermont, revoir Monsieur le Duc ; il fallut dissimuler, tromper et mentir !... C'est alors qu'une âme généreuse déplore l'empire funeste des passions et qu'elle devient capable des efforts les plus courageux pour s'y soustraire. Mlle de Clermont n'éprouvait point ces combats et ces agitations cruelles dont la préservaient son innocence et la pureté de son âme ; d'ailleurs, tous les sacrifices étant de son côté, la délicatesse et la générosité, loin de combattre sa passion, ne pouvaient que la lui rendre plus chère ; mais M. de Melun, accablé d'un remords pressant, que le redoublement d'amitié de Monsieur le Duc rendait insupportable, résolut enfin de faire à ses principes le sacrifice entier de son amour. L'ambassade d'Angleterre était vacante : il se détermina à la demander. Avant de faire cette démarche, il écrivit à Mlle de Clermont une longue lettre, dans laquelle il peignit avec autant de vérité que de sensibilité tout ce qu'il avait éprouvé ; il détaillait les raisons qui le décidaient à se bannir pour cinq ou six ans ; elles avaient toutes pour objet et pour but les intérêts, la gloire et la tranquillité de Mlle de Clermont. Cette lettre et ce nouveau projet excitèrent dans le cœur de Mlle de Clermont autant de ressentiment que de douleur ; elle appela la fierté à son secours : c'est, en amour, une grande ressource pour les femmes, et qui souvent, pour elles, fut le supplément de la raison. La princesse, irritée, jura d'oublier M. de Melun, et même de l'éviter jusqu'au voyage de Chantilly, qui devait être sur la fin de juin ; elle cessa de porter ses bracelets, qui lui retraçaient un souvenir trop cher qu'elle voulait bannir de sa mémoire ; mais elle les renferma soigneusement dans un écrin particulier, dont elle garda la clef. Le dépit et le chagrin altérèrent sensiblement sa santé, et dans les premiers jours du mois de juin, elle tomba tout à fait malade, et la rougeole se déclara. M. de Melun apprit cette nouvelle à Versailles ; il revint sur-le-champ, et, sous le prétexte de son attachement pour Monsieur le Duc, il se renferma avec lui et ne le quitta plus. Lorsque le prince était dans la chambre de sa sœur, M. de Melun restait dans un cabinet à côté. La porte de ce cabinet, qui n'était jamais fermée, donnait dans la chambre de Mlle de Clermont. De violents maux de nerfs, joints à la rougeole de Mlle de Clermont, rendirent sa maladie très grave et firent craindre pour sa vie. Une nuit que Monsieur le Duc, accablé de fatigue, s'était endormi, M. de Melun, voyant tout ce qui l'entourait livré au sommeil, s'approcha davantage encore de la porte, et l'entrouvrit de manière qu'il pouvait voir, sans être aperçu, ce qui se passait dans la chambre de Mlle de Clermont ; il entendit qu'elle parlait à voix basse à l'une de ses femmes, qui était au chevet de son lit. Il prêta l'oreille, et il recueillit ces paroles : « Quoi ! vous en êtes sûre ? Quoi ! M. de Melun est enfermé avec mon frère ?... Ne vous êtes-vous pas trompée ? est-ce bien lui ?... » La femme de chambre répéta qu'elle en était certaine. « Ah ! Dieu ! » reprit Mlle de Clermont. Elle garda un instant le silence, puis elle dit : « C'est pour mon frère !... » À ces mots elle se retourna et parut agitée. La femme de chambre lui demanda comment elle se trouvait ; elle répondit : « Ma fièvre est bien forte ; je me sens mal... » Et elle ajouta : « J'aurais quitté la vie avec plus de tranquillité il y a un an, et cependant... » Elle n'acheva pas ; mais, après une courte pause, elle prit une clef sur sa table de nuit, et, la donnant à la femme de chambre, elle lui dit d'aller chercher dans l'un de ses cabinets un petit écrin qu'elle lui indiqua : c'était celui qui renfermait ses bracelets. La femme de chambre obéit. Dans ce moment il n'y avait plus auprès de la malade qu'un chirurgien endormi dans un fauteuil, et une garde couchée sur un canapé et livrée aussi au plus profond sommeil. M. de Melun, hors de lui, le visage baigné de pleurs, jette un coup d'œil dans la chambre, et au même moment s'y élance, et va tomber à genoux près du lit... Mlle de Clermont tressaille, et lui tend une main brûlante, qu'il arrose de larmes... « Et cependant, dit-elle d'une voix douce et pénétrante, vous partez pour l'Angleterre ! - Non, non, reprit le duc, je jure de rester, et j'atteste tout ce qu'il y a de sacré que désormais je n'agirai plus que d'après vos volontés et vos ordres... - Ô mon Dieu ! dit Mlle de Clermont en levant les yeux au ciel, mon Dieu, daignez me conserver la vie !... » À ces mots, M. de Melun pressa contre son cœur la main qu'il tenait, et, se relevant précipitamment, il retourna dans le cabinet. Heureusement que Monsieur le Duc dormait encore... M. de Melun sortit doucement et descendit dans le jardin. La nuit était sombre et la chaleur étouffante. M. de Melun s'assit sur un banc en face du palais ; il fixa tristement ses regards sur l'appartement de Mlle de Clermont. La lueur vacillante de sa lampe, qu'il apercevait à travers ses vitres, lui parut une clarté funèbre qui le fit frissonner... On marchait dans la chambre, ce qui formait de grandes ombres fugitives qui passaient avec rapidité devant les fenêtres, et qui paraissaient s'évanouir dans les airs. M. de Melun, n'osant s'arrêter aux funestes pensées que lui inspirait l'état de Mlle de Clermont, se laissa aller à une rêverie qui s'y rapportait, mais qui, du moins, ne lui présentait que vaguement ces images désolantes. Il était depuis deux heures dans le jardin, lorsqu'il remarqua dans le palais un grand mouvement ; il frémit, et, pénétré d'une mortelle inquiétude, il se hâta de rentrer. En montant l'escalier, il entendit répéter ces terribles paroles : « Mademoiselle se meurt... » Il fut obligé de s'appuyer sur la rampe ; il y resta quelques minutes, immobile de douleur et d'effroi. On vint l'appeler de la part de Monsieur le Duc, qui accourut à sa rencontre avec un visage consterné. « Hélas ! dit-il à M. de Melun, je n'ai plus d'espérance ; elle est dans un état affreux, elle n'a plus sa tête, et le médecin dit que, si ses convulsions ne se calment point, elle ne passera pas la nuit. Cette funeste révolution s'est opérée tout à coup. À minuit, ayant toute sa connaissance, elle a donné une commission à l'une de ses femmes, qui, revenue au bout de cinq ou six minutes, l'a retrouvée tremblante, regardant d'un air égaré la porte du cabinet où nous passons la nuit, comme si elle voyait là quelque chose d'effrayant ; ensuite versant des larmes, et tombant enfin dans les plus terribles convulsions. »

Quel récit pour M. de Melun ! Chaque mot, chaque circonstance était un trait déchirant qui s'enfonçait jusqu'au fond de son cœur : gardant un morne silence, il écoutait Monsieur le Duc avec un saisissement qui heureusement suspendait toutes les facultés de son âme, et qui ne lui permit ni plaintes, ni larmes, ni la plus légère marque d'attendrissement ; l'excès de sa douleur en sauva les apparences ; mais, ce premier moment passé, le plus violent désespoir succéda à cette espèce d'anéantissement. « Quoi ! se disait-il, c'est moi qui la tue, c'est mon inconcevable imprudence qui a produit cette affreuse révolution !... Grand Dieu ! c'est moi qui la tue !... Et je la perds dans l'instant où je reçois d'elle les plus touchants témoignages de tendresse !... Je ne lui en ai donné qu'un seul, en bravant tout cette nuit pour lui parler, et cette funeste preuve d'amour la précipite au tombeau !... » L'infortuné duc de Melun faisait ces réflexions désespérantes à côté de Monsieur le Duc, et, forcé de dévorer ses larmes, il souffrait tout ce que la contrainte peut ajouter à la plus juste douleur.

Enfin, au point du jour, Mlle de Clermont parut plus calme. Une heure après, elle recouvra sa parfaite connaissance, et, le soir, les médecins répondirent de sa vie. Tranquille et rassuré, M. de Melun, le lendemain, voulut retourner à Versailles. Monsieur le Duc exigea qu'il vît auparavant Mlle de Clermont, qui, disait-il, le désirait, et voulait le remercier des soins qu'il lui avait rendus. M. de Melun obéit ; il respirait à peine en entrant dans la chambre de Mlle de Clermont ; mais quelle fut l'émotion de cette dernière, lorsqu'en jetant les yeux sur lui elle put jouir de son trouble, de son attendrissement, et que son visage pâle, abattu, défiguré, lui fit connaître tout ce qu'il avait souffert ! Malgré la présence de Monsieur le Duc, elle trouva le moyen d'exprimer tout ce qu'elle éprouvait ; et M. de Melun, enivré de son bonheur, emporté par le moment, répondit de manière à lui faire comprendre l'excès de sa reconnaissance et de son amour. Mlle de Clermont, deux jours après cette entrevue, fut en état de se lever, et la satisfaction intérieure qu'elle éprouvait contribua à lui rendre promptement les forces et la santé. Mais elle devait ressentir un chagrin nouveau, plus accablant qu'aucun autre. M. de Melun n'avait jamais eu la rougeole ; on sait avec quelle facilité cette maladie se communique. M. de Melun revint de Versailles avec la fièvre ; il fut obligé de se mettre au lit, et le médecin qu'il envoya chercher lui déclara qu'il avait la rougeole. Devant avoir une maladie, c'était celle qu'il eût choisie de préférence à toute autre ; elle lui venait des soins qu'il avait rendus à Mlle de Clermont. Mais l'inquiétude affreuse de cette dernière fut extrême ; elle trouva une grande consolation à la montrer sans contrainte. C'était en veillant près d'elle que M. de Melun avait pris cette maladie : ainsi elle pouvait avouer le vif intérêt qu'elle y prenait, et il est si doux d'avoir un prétexte qui puisse autoriser à laisser voir publiquement une sensibilité qu'on a toujours été forcé de dissimuler !

Cependant la maladie de M. de Melun ne fut ni dangereuse ni longue, mais sa convalescence donna de vives inquiétudes ; une toux opiniâtre fit craindre pour sa poitrine, qui parut sérieusement attaquée. Mlle de Clermont consulta, sur l'état de M. de Melun, son médecin, qui déclara que le malade ne pourrait se rétablir qu'en passant l'hiver dans les provinces méridionales. Aussitôt Mlle de Clermont écrivit à M. de Melun, pour exiger positivement qu'il partît sans délai ; on était aux derniers jours de l'automne. L'état où était M. de Melun lui fournit un excellent prétexte de renoncer à l'ambassade d'Angleterre. Il partit pour le Languedoc, il y passa tout l'hiver, il y rétablit parfaitement sa santé, et revint à Paris sur la fin du mois de mai, au moment où Monsieur le Duc et Mlle de Clermont partaient pour Chantilly ; M. de Melun fut du voyage. Avec quelle joie Mlle de Clermont se retrouva à Chantilly avec M. de Melun ! Après deux ans d'un amour combattu, d'un amour éprouvé par le temps et par des sacrifices mutuels !... Quel plaisir de revoir ensemble les lieux chéris où cet amour prit naissance ! cette vaste forêt, ces îles délicieuses, ce beau canal, ce palais, ce cabinet consacré à la lecture ! Quel bonheur de retrouver, à chaque pas, des souvenirs d'autant plus doux que nul remords n'en pouvait corrompre le charme... Telle était, du moins, la situation de Mlle de Clermont ; M. de Melun, moins heureux et plus agité, ne sentait que trop qu'il était entièrement subjugué, et que désormais l'amour seul disposerait de sa destinée. Il n'osait jeter les yeux sur l'avenir ; mais il est si facile de n'y point penser lorsqu'on est enivré du présent !...

Mlle de Clermont avait établi dans la laiterie de Chantilly la jeune Claudine, cette paysanne dotée et mariée par elle à l'un de ses valets de pied. Afin de ne point séparer le mari et la femme, on avait fait le valet de pied garçon d'appartement du château. Une chaumière élégante, bâtie nouvellement à côté de la laiterie, servait de logement à cet heureux ménage. Mlle de Clermont allait presque tous les jours déjeuner dans la laiterie ; elle y rencontrait toujours Claudine, qui l'amusait par sa simplicité : car les princes trouvent un charme particulier dans la naïveté, apparemment parce que rien n'est plus rare à la cour ; c'est pourquoi tous les princes, en général, aiment les enfants, et ce fut peut-être par un sentiment semblable qu'ils eurent jadis des fous. Il faut convenir que près d'eux l'ingénuité ne saurait être constante sans un peu de folie.

Cependant on commença à remarquer les sentiments que Mlle de Clermont, depuis sa maladie, laissait trop éclater ; les faiblesses des princes ne déplaisent point aux courtisans, et, à moins de quelque intérêt, l'amant d'une princesse ne cause point d'ombrage ; du moins, loin de chercher à lui nuire, chacun paraît se réunir pour en dire du bien et pour le faire valoir. Les courtisans sont jaloux de l'amitié, ils ne le sont point de l'amour : ils savent qu'à la cour on peut facilement perdre un ami ; mais qu'en aucun lieu du monde, tant que la passion dure, on ne saurait avec succès calomnier un amant et une maîtresse qui ne sont point absents. M. de Melun se vit recherché de tout ce qui entourait Mlle de Clermont. Cette dernière entendit répéter continuellement l'éloge de M. de Melun ; des critiques ne lui auraient pas fait la moindre impression ; mais ces louanges, qui la flattaient si sensiblement, exaltaient encore son amour ; elle n'y voyait aucun artifice, elle les trouvait si fondées, et il lui était si doux de les croire sincères !...

M. de Melun, s'apercevant que son secret n'échappait plus à l'œil perçant de la curiosité, reprit dans sa conduite toute sa première circonspection ; mais, comme la parfaite intelligence établit seule entre les amants une prudence mutuelle, la réserve de M. de Melun ne servit qu'à faire mieux paraître les sentiments de Mlle de Clermont ; quand il s'éloignait, elle le cherchait, le rappelait, et M. de Melun, n'ayant ni la force ni la volonté de fuir encore de Chantilly, se persuada que, pour la réputation de Mlle de Clermont, il était nécessaire qu'il lui parlât en particulier, qu'il convînt avec elle d'un plan de conduite... Il était poursuivi depuis longtemps du désir d'obtenir un rendez-vous secret ; il fut heureux de trouver et de saisir un prétexte de le demander. Ne pouvant dire à Mlle de Clermont que quelques mots à la dérobée, et toujours en présence de témoins, forcé même alors de composer son visage, et de ne parler à celle qu'il adorait qu'avec la froide expression du respect et de la sérénité, il aurait donné la moitié de sa vie pour s'entretenir avec elle une heure sans contrainte.

La proposition du rendez-vous troubla Mlle de Clermont, sans l'effrayer : elle avait pour M. de Melun autant de vénération que d'amour... Après beaucoup de réflexions, elle se décida à mettre la jeune laitière dans sa confidence et à voir un matin M. de Melun dans la chaumière de Claudine. On attendit que Monsieur le Duc fît une course à Versailles, et alors Mlle de Clermont, se levant avec le jour, sortit de son appartement sans être aperçue, se rendit à la chaumière, et y trouva M. de Melun. Lorsqu'ils furent en tête à tête, M. de Melun se jeta aux pieds de Mlle de Clermont, et il exprima ses sentiments avec toute la véhémence que peut inspirer une passion violente, combattue et concentrée au fond de l'âme depuis plus de deux ans. Ses transports étonnèrent Mlle de Clermont, et lui causèrent une sorte de timidité qui se peignit sur son visage. Ce mouvement n'échappa point à M. de Melun ; il était à ses genoux, il tenait ses deux mains dans les siennes. Tout à coup il se releva, et, se jetant sur une chaise, à quelques pas d'elle : « Oui, dit-il d'une voie étouffée, vous avez raison de me craindre, je ne suis plus à moi-même... je ne suis plus digne de votre confiance... fuyez-moi... » En disant ces paroles, quelques larmes s'échappèrent de ses yeux, et il se couvrit le visage avec son mouchoir. « Non, non, reprit Mlle de Clermont, je ne fuirai point celui que je puis aimer sans crime, sans réserve et sans remords, s'il ose braver, ainsi que moi, les plus odieux préjugés. » À ces mots, le duc regarda Mlle de Clermont avec surprise et saisissement... « J'ai vingt-deux ans, poursuivit-elle ; les auteurs de mes jours n'existent plus ; l'âge et le rang de mon frère ne lui donnent sur moi qu'une autorité de convention ; la nature m'a faite son égale... je puis disposer de moi-même... - Grand Dieu ! s'écria le duc, que me faites-vous entrevoir ?... - Eh quoi ! ferais-je donc une chose si extraordinaire ? Mlle de Montpensier n'épousa-t-elle pas le duc de Lauzun ? - Que dites-vous ? ô Ciel !... - Le plus fier de nos rois n'approuva-t-il pas d'abord cette union ? Ensuite, une intrigue de cour lui fit révoquer ce consentement, mais il l'avait donné. Votre naissance n'est point inférieure à celle du duc de Lauzun. Mlle de Montpensier ne fut blâmée de personne, et il ne lui manqua, pour paraître intéressante à tous les yeux, que d'être jeune, et surtout d'être aimée. - Qui ? moi ! j'abuserais à cet excès de vos sentiments et de votre inexpérience. - Il n'est plus temps maintenant de nous fuir... il n'est plus temps de nous tromper nous-mêmes en projetant des sacrifices impossibles... Ne pouvant rompre le nœud qui nous lie, il faut le rendre légitime, il faut le sanctifier. »

Ce discours, prononcé avec cette fermeté qui annonce un parti irrévocablement pris, ne permettait pas de résister de bonne foi. M. de Melun, incapable d'affecter une fausse générosité, se livra à tout l'enthousiasme de la reconnaissance et de l'amour ; mais il objecta des difficultés qui lui paraissaient insurmontables : Mlle de Clermont les leva toutes. On convint que l'on ne mettrait dans la confidence qu'une des femmes de Mlle de Clermont, Claudine, son mari, et un vieux valet de chambre de M. de Melun, et le chapelain de Mlle de Clermont. Enfin il fut décidé que les deux amants recevraient la bénédiction nuptiale dans la chaumière de Claudine, la nuit suivante, à deux heures du matin, parce que Monsieur le Duc ne devait revenir que le surlendemain. Il fallut se séparer à six heures du matin ; mais avec quel ravissement Mlle de Clermont, en sortant de la chaumière, pensa qu'elle n'y rentrerait que pour y recevoir la foi de son amant, et que, dans dix-huit heures, le plus cher sentiment de son cœur serait devenu le premier de ses devoirs !... Que cette journée parut longue, et qu'elle fut cependant délicieusement remplie ! Tout fut plaisir durant cet espace de temps, jusqu'aux confidences qu'il fallut faire. C'en est un si grand de pouvoir, sans rougir, avouer un sentiment si cher qu'on a longtemps caché ! Le secret fut solennellement promis ; la reconnaissance, l'attachement et l'intérêt même en répondaient également.

M. de Melun passa toute l'après-dînée dans le salon, assis à l'écart en face d'une pendule, et les yeux constamment attachés sur l'aiguille, ou sur Mlle de Clermont. Sur le soir on fut à la laiterie ; Mlle de Clermont tressaillit en passant devant la chaumière ; elle regarda M. de Melun ; et ce regard disait tant de choses !...

M. de Melun, à souper, n'osa se mettre à table, il était si agité, si distrait, qu'il craignait que son trouble ne fût remarqué, et que sa présence n'augmentât celui de Mlle de Clermont ; il descendit dans le jardin, il y resta jusqu'à minuit ; alors il remonta dans le salon, afin de voir si Mlle de Clermont y était encore ; elle se levait pour se retirer : en apercevant M. de Melun, elle rougit... et, se hâtant de sortir, elle disparut. Arrivée dans sa chambre, elle renvoya toutes ses femmes à l'exception de celle qu'elle avait choisie pour confidente : alors quittant ses diamants et une robe brodée d'or, elle prit un simple habit blanc de mousseline ; ensuite elle demanda ses heures et se mit à genoux. Il y avait dans cette action autant de dignité que de piété ; elle allait faire le pas le plus hardi, en formant une union légitime aux yeux de Dieu, mais clandestine, et que la loi réprouvait, puisqu'il y manquait le consentement du souverain. Dans ce moment, la religion était pour elle un refuge et la sauvegarde du mépris.

À deux heures après minuit, Mlle de Clermont se leva ; elle tremblait, et, s'appuyant sur le bras de sa femme de chambre, elle sortit ; elle descendit par un escalier dérobé, et se trouva dans la cour : le clair de lune le plus brillant répandait une lueur argentée sur toutes les vitres du palais ; Mlle de Clermont jeta un coup d'œil timide sur l'appartement de son frère ; cette vue lui causa un attendrissement douloureux... et, tournant le dos au palais, elle précipita sa marche ; mais quelle fut sa frayeur extrême lorsque tout à coup elle se sentit fortement arrêtée par-derrière !... Elle frémit, et, se retournant, elle vit que ce qui lui inspirait tant d'effroi n'était autre chose qu'un pan de sa robe accroché à l'un des ornements du piédestal de la statue du grand Condé, placée au milieu de la cour... Un sentiment superstitieux rendit Mlle de Clermont immobile ; elle leva les yeux avec un saisissement inexprimable vers la statue, dont la tête imposante et fière était parfaitement éclairée par les rayons de la lune. La princesse, intimidée et tremblante, fut tentée de se prosterner devant cette image, qui retraçait à son esprit des idées importunes de gloire et de grandeur... Il lui sembla que le visage du héros avait une expression menaçante... Plus elle le regardait, et plus son cœur oppressé se serrait ; enfin, ne pouvant retenir ses larmes : « Ô mon père ! dit-elle, si tu vivais, je sacrifierais tout à ta volonté révérée... Cependant, ma témérité ne souille point le sang que tu m'as transmis. Je descends, il est vrai, du rang où je suis placée, mais je ne m'abaisse point... L'antique nom de Melun est illustré par tant d'alliances royales ! Et celui qui le porte est si vertueux !... Ô toi qui, plus que tous les rois de notre race, donnas à tes enfants le droit de s'enorgueillir de leur naissance, héros chéri, du haut des cieux ne maudis point cette union secrète, et pardonne à l'amour !... » En prononçant ces paroles, Mlle de Clermont, baignée de pleurs, s'éloigna précipitamment. Elle sortit de la cour, et entra dans un bois épais, où l'attendait M. de Melun. Aussitôt qu'elle entendit le son de sa voix, toutes ses craintes, ses scrupules et ses noirs pressentiments s'évanouirent ; la fierté du rang fut oubliée, l'amour seul parla, et sa voix enchanteresse et puissante fut seule écoutée.

On arriva près de la chaumière. « Grand Dieu ! s'écria M. de Melun en l'apercevant, c'est sous un toit de chaume que l'on va célébrer l'hymen de celle qui serait faite pour occuper un trône, et qui vient de refuser la main d'un souverain... - Ah ! reprit Mlle de Clermont, ce n'est point au milieu de la pompe des palais, c'est ici que résident le bonheur et la sainte fidélité. »

On entra dans la chaumière ; Claudine l'avait ornée des plus belles fleurs. Le chapelain s'était muni d'une pierre consacrée, que l'on posa sur une table de marbre, et qui servit l'autel. Deux domestiques, le mari de Claudine et le valet de chambre de M. de Melun, servirent de témoins et tinrent le poêle sur la tête des époux... Ce fut ainsi que se maria, dans l'enceinte du palais somptueux de Chantilly, la petite-fille de tant de rois et la plus belle princesse de l'Europe...

Les nouveaux époux furent obligés de se séparer une heure après avoir reçu la bénédiction nuptiale ; mais, le mariage étant fait, les moyens de se revoir étaient sûrs et faciles.

Cependant on préparait à Chantilly des fêtes magnifiques, le roi devant y passer deux jours. En effet, il y arriva un soir avec une suite aussi brillante que nombreuse, huit jours après le mariage secret de Mlle de Clermont. Le château et les jardins étaient illuminés, et le canal couvert de barques élégantes remplies de bergers et de bergères formant les concerts les plus mélodieux. Mlle de Clermont ayant été chargée par Monsieur le Duc de faire illuminer et décorer la chaumière de Claudine, qui se trouvait située dans l'intérieur des jardins, elle fit orner la façade d'une décoration de fleurs et de mousse représentant un temple rustique, avec ces mots tracés en lettres de feu sur le frontispice : *Le temple de l'Amour et du Mystère* ; inscription ingénieuse dont M. de Melun seul put comprendre le véritable sens.

Le plus bel ornement de ces fêtes superbes fut Mlle de Clermont, embellie de tous les charmes que le bonheur peut ajouter à la beauté : il lui semblait que ces fêtes, à l'époque de son mariage, en célébraient la félicité ; tous les yeux étaient fixés sur elle, même ceux du jeune roi, qui ne parut occupé que d'elle ; son cœur ne désirait qu'un suffrage, mais il jouissait délicieusement des succès dont M. de Melun était témoin.

Le lendemain matin on partit pour la chasse du cerf. Au moment où Mlle de Clermont allait monter en voiture, Monsieur le Duc la tira à part, et, la regardant d'un air sévère : « Je ne veux pas, dit-il, que M. de Melun suive votre calèche ; c'est à vous de l'en avertir, s'il en approche. » À ces mots Monsieur le Duc s'éloigna sans attendre de réponse. Mlle de Clermont, interdite et troublée, se rapprocha des dames qui devaient l'accompagner ; elle sortit du salon, et monta en calèche avec la marquise de G., la comtesse de P. (maîtresse de Monsieur le Duc) et sa dame d'honneur. La princesse était rêveuse ; elle s'attristait en pensant que Monsieur le Duc avait enfin remarqué ses sentiments pour

M. de Melun : elle se reprocha vivement de ne les avoir point assez dissimulés, surtout depuis huit jours.

En entrant dans la forêt, M. de Melun ne se mit point à la suite du roi et de Monsieur le Duc ; il ralentit le pas de son cheval pour les laisser passer ; et, lorsqu'il les eut perdus de vue, il s'approcha de la calèche de la princesse, qui, soupirant en le voyant, se pencha vers lui pour lui parler tout bas, et lui dit à l'oreille : « Éloignez-vous, allez rejoindre mon frère ; ce soir je vous dirai pourquoi. » M. de Melun n'en demanda pas davantage ; il adressa quelques mots aux dames qui étaient dans la calèche, ensuite il dit qu'il allait retrouver la chasse par le chemin le plus court ; et, prenant congé de la princesse, il partit au grand galop, suivi d'un seul palefrenier. Avant d'entrer dans une petite allée de traverse, il tourna la tête, et regarda la princesse qui le suivait des yeux... Ce triste regard fut un dernier adieu, un adieu éternel !... Il entra dans l'allée fatale immortalisée par son malheur, il disparut... hélas ! pour toujours !... Au bout de deux ou trois minutes on entendit un cri perçant, et au moment même on vit accourir à toute bride le palefrenier de M. de Melun : la calèche s'arrête ; Mlle de Clermont, pâle et tremblante, interroge de loin le palefrenier, qui s'écrie que le duc de Melun vient d'être renversé et blessé par le cerf qui a franchi l'allée... La malheureuse princesse, glacée par le saisissement et la douleur, fait signe qu'elle veut descendre... On la porte hors de la voiture, elle ne pouvait ni parler ni se soutenir ; on la pose au pied d'un arbre, elle exprime encore par un signe que tous ses gens doivent aller au secours de M. de Melun avec la calèche ; on obéit sur-le-champ. La marquise de G., en pleurs, se met à genoux auprès d'elle, et, soutenant sur son sein sa tête défaillante, elle lui dit que l'on n'est pas loin du château, et que M. de Melun sera promptement secouru. Mlle de Clermont, regardant la marquise d'un air égaré :

« C'est moi, répondit-elle, qui lui ai dit de s'éloigner !... »
À ces mots, elle fit un effort pour se lever ; son dessein
était d'aller du côté de l'allée fatale, mais elle retomba dans
les bras de la marquise et de Mme de P. Cette dernière
ordonna au seul valet de pied resté auprès de la princesse
d'aller savoir des nouvelles de M. de Melun : il partit, et
revint au bout d'un quart d'heure ; il dit que M. de Melun
était grièvement blessé à la tête, qu'on l'avait mis dans la
calèche pour le conduire au château, et qu'aussitôt qu'il y
serait arrivé, les gens de la princesse lui ramèneraient sur-
le-champ une voiture. À ce récit, Mlle de Clermont fondit
en larmes, mais en gardant le plus profond silence. Il était
trois heures après midi ; à quatre heures et demie, on aperçut de loin la calèche ; la marquise et Mme de P. laissè-
rent, pour un moment, la princesse avec sa dame d'honneur, et s'avancèrent précipitamment au-devant de la voiture, afin de questionner les domestiques, qui leur dirent
que les blessures de M. de Melun étaient affreuses et paraissaient mortelles. Alors Mme de P. imagina de donner l'ordre
au cocher de s'égarer dans la forêt, afin d'y rester jusqu'à
minuit... Dans ce moment, Mlle de Clermont, soutenue par
sa dame d'honneur et son valet de pied, s'approchait. « Eh
bien ? » s'écria-t-elle. On lui répondit que M. de Melun était
fort blessé, mais que le chirurgien ne prononcerait sur son
état que le lendemain, quand le premier appareil serait levé.

Mlle de Clermont ne fit plus de questions, et se laissa
conduire, ou, pour mieux dire, porter dans la calèche ; mais
quelle fut son horreur, en y entrant, de la trouver tout
ensanglantée ! « Grand Dieu ! dit-elle, je marche sur son
sang !... » À ces mots, l'infortunée s'évanouit.

Dans le trouble qu'avait causé un si tragique événement,
on avait oublié de prendre une autre voiture ; on la rem-
plit de feuillage afin de cacher le sang, et on s'enfonça dans
la forêt. Une eau spiritueuse, que la marquise fit respirer

à Mlle de Clermont, fit rouvrir les yeux à cette malheureuse princesse, et lui rendit le sentiment de sa douleur : « Où sommes-nous ? dit-elle ; c'est au château que je veux aller... - Hélas ! répondit Mme de P., nous y retrouverions le roi, et Mademoiselle serait obligée de reparaître dans le salon... - *Obligée !* reprit-elle avec une profonde amertume... Oui, poursuivit-elle en versant un torrent de pleurs, oui, je ne suis qu'une vile esclave, jouet éternel d'une odieuse représentation... Je dois cacher les sentiments les plus naturels, les plus légitimes... Je dois assister à des fêtes, je dois sourire quand je me meurs... Ce rang envié n'est qu'un rôle fatigant ou barbare qui nous impose jusqu'au tombeau les plus douloureux sacrifices et la loi honteuse d'une constante dissimulation !... » À ces mots, se penchant vers la marquise, elle appuya et cacha son visage sur son épaule... Quelques instants après, relevant la tête et jetant de sinistres regards dans l'intérieur de la calèche, elle pâlit en disant : « Ôtez-moi d'ici, par pitié !... » On arrêta ; on aida la princesse à descendre : elle se traîna vers un petit tertre couvert de mousse et entouré de buissons ; elle s'assit là avec les trois dames qui l'accompagnaient ; on ordonna au cocher de s'éloigner avec la voiture et les domestiques, et d'attendre à trois cents pas qu'on les rappelât... On resta dans ce lieu jusqu'à dix heures ; alors une petite pluie survint, et, comme la calèche était couverte, on engagea la princesse à y remonter. On erra encore deux heures dans la forêt ; ensuite on reprit le chemin du château, afin d'y arriver à minuit et demi, heure à laquelle on savait que le roi se retirait pour se coucher. En approchant du château, Mlle de Clermont se jeta dans les bras de Mme de G. ; ses sanglots la suffoquaient... Cependant on touchait presque à la grille du château, que l'obscurité profonde de la nuit ne permettait pas d'apercevoir... Tout à coup Mlle de Clermont frissonne... un son terrible parvient à son oreille, c'est celui de la sonnette funèbre qui précède et qui annonce les derniers sacrements que l'on porte aux mourants. Mlle de Clermont se retourne en frémissant, et elle découvre, en effet, à quelque distance, le cortège religieux, éclairé par des flambeaux, et qui s'avance lentement... On sait que les princes du sang royal sont obligés de donner au public l'utile et noble exemple du plus profond respect pour la religion ; s'ils rencontrent dans les rues le Saint-Sacrement, ils doivent descendre dans la rue et s'agenouiller dans la poussière devant la majesté suprême ; dans l'enceinte des palais, ils doivent escorter les prêtres jusque dans la chambre du mourant... Le cocher s'arrêta, suivant l'usage, sans en recevoir l'ordre. Mlle de Clermont, la mort dans le cœur, rassemble toutes ses forces : « Du moins, dit-elle, je le reverrai encore !... » En disant ses paroles, elle descend, se prosterne, se relève, et, s'appuyant sur le bras d'un valet de pied, se met à la suite du cortège, malgré les représentations des dames qui l'accompagnaient, et qui la conjuraient de rentrer dans son appartement... On traverse la cour, on entre dans le palais, on y trouve Monsieur le Duc qui venait au-devant du cortège ; sa vue sèche les larmes de Mlle de Clermont... Il parut surpris et mécontent en l'apercevant ; il s'approcha d'elle et lui dit tout bas, d'un ton impérieux et rude : « Que faites-vous ici ? - Mon devoir », répondit-elle avec fermeté. Et elle poursuivit son chemin. Monsieur le Duc, n'osant faire une scène devant tant de témoins, fut obligé de dissimuler son étonnement et sa colère. Arrivé à l'appartement de M. de Melun, le cortège passa ; Monsieur le Duc resta seul en arrière, et, arrêtant Mlle de Clermont, il l'invita avec douceur à le suivre un instant dans un cabinet voisin, et il l'y entraîna. Là, s'enfermant avec elle, il se contraignit moins, et lui dit qu'il ne voulait pas qu'elle entrât dans la chambre de M. de Melun. « Dans la situation où je suis, reprit Mlle de Clermont, on peut sans effort braver la tyrannie ;

je veux voir M. de Melun. - Je vous déclare que je ne le souffrirai point... - Je veux voir M. de Melun, je suis sa femme ! » À ces mots, Monsieu le Duc, pétrifié d'étonnement, resta un moment immobile ; ensuite, regardant sa sœur avec des yeux où se peignait la plus vive indignation : « Songez-vous, lui dit-il, aux conséquences d'un tel aveu ? Votre séducteur n'est point mort, et même le chirurgien ne l'a point condamné ; il peut recouvrer la santé... » Mlle de Clermont ne fut frappée que de ces dernières paroles ; ce rayon d'espérance et de joie abattit toute sa fierté ; ses pleurs inondèrent son visage : « Ô mon frère ! s'écria-t-elle en tombant aux pieds de Monsieur le Duc ; mon cher frère ! est-il bien vrai qu'on ait encore quelque espérance pour sa vie ?... - Je vous le répète, il n'est pas à l'extrémité... - Ah ! mon frère ! vous ranimez ce cœur désespéré : oh ! n'y soyez point insensible ! Vous que j'aime et que je révère, rappelez-vous les droits que la nature me donne auprès de vous ! Serez-vous sans indulgence et sans pitié pour votre malheureuse sœur ?... - Allez dans votre appartement, reprit Monsieur le Duc. - Promettez-moi donc, interrompit la princesse, que je trouverai toujours en vous un ami, un protecteur... Et ne dites pas que l'on m'a séduite ! Ah ! je suis la seule coupable !... Il m'a fuie pendant deux ans !... - Allez, dit Monsieur le Duc, conduisez-vous désormais avec prudence ; laissez-vous guider par moi... et... vous pouvez tout espérer. » Cette espèce d'engagement transporta Mlle de Clermont ; elle se jeta dans les bras de son frère, en lui promettant une aveugle soumission. Ce fut ainsi que, sans violence, on la fit rentrer dans son appartement : elle avait donné sa parole à Monsieur le Duc de se coucher, et en effet elle se mit au lit ; mais à trois heures du matin elle envoya sa femme de chambre favorite chez M. de Melun, avec ordre de parler à ses gens et au chirurgien qui le veillait. La femme de chambre revint en s'écriant de la porte que le duc était beaucoup mieux, et que le chirurgien répondait de sa vie : la sensible et crédule princesse tendit les bras à celle qui lui apportait de si heureuses nouvelles ; elle l'embrassa avec tous les transports de la reconnaissance et de la joie : « Grand Dieu ! s'écria-t-elle, quel changement dans mon sort !... Il vivra, je le reverrai !... et mon frère sait notre secret, et il m'a permis de *tout espérer* ! Il obtiendra le consentement du roi ; je jouirai du bonheur suprême de me glorifier publiquement du sentiment qui m'attache à la vie !... »

Enivrée de ces douces idées, Mlle de Clermont fit réveiller la marquise de G., afin de lui confier tous ses secrets et de lui faire partager sa joie. La marquise, ainsi qu'elle, croyait M. de Melun hors de danger : car, en effet, le chirurgien l'avait annoncé presque affirmativement aux gens du duc et à tous ceux qui veillaient dans le palais, peu de temps après que le duc eut reçu ses sacrements...

La marquise soupçonnait depuis longtemps les sentiments de Mlle de Clermont, et le funeste événement de ce jour ne laissait aucun doute à cet égard ; mais la confidence du mariage lui causa la plus grande surprise : elle pensa, comme la princesse, que les paroles de Monsieur le Duc donnaient le droit de se flatter d'obtenir le consentement du roi. Elle enchanta la princesse par l'enthousiasme avec lequel elle parla des vertus de M. de Melun et de son amitié pour lui. À la cour, un ami élevé au plus haut rang devient si cher !... On s'y passionne si naturellement pour les gens heureux !... D'ailleurs la marquise était si flattée de recevoir la première la confidence d'un tel secret !... À cinq heures du matin on renvoya chez M. de Melun, et la confirmation des bonnes nouvelles rendit la conversation encore plus animée.

Sur les sept heures, Mlle de Clermont se décida à prendre quelque repos. Elle dormit deux heures d'un sommeil agité par des rêves effrayants qui la réveillèrent en sursaut et qui noircirent son imagination ; elle demanda des nouvelles de M. de Melun ; on lui fit toujours les mêmes réponses ; cependant elle ne trouva plus au fond de son cœur la vive espérance et la joie qu'elle avait ressenties peu d'heures auparavant. À midi, Monsieur le Duc rentra chez elle pour lui dire que, le roi partant après souper, elle ne pouvait se dispenser de descendre et de passer la journée dans le salon. À cette proposition, elle répondit qu'elle était souffrante, malade, et qu'il lui serait impossible de faire les honneurs d'une fête. « Il le faut cependant, reprit Monsieur le Duc ; vous n'avez point paru hier : le roi croit qu'en effet vos gens vous ont égarée dans la forêt ; mais que pourrait-on lui dire aujourd'hui ? Songez quel intérêt puissant vous avez à lui plaire... » Cette dernière réflexion, que la princesse ne manqua pas d'appliquer à son mariage, la décida sur-le-champ : « Eh bien ! dit-elle en soupirant, je descendrai. - Habillez-vous donc, reprit Monsieur le Duc ; je vais vous annoncer. » À ces mots, il sortit, et Mlle de Clermont, en maudissant la grandeur et la représentation, se mit à sa toilette. Le soin fatigant et forcé de se parer avec somptuosité et l'idée de passer la journée au milieu d'une cour nombreuse lui causaient une peine d'autant plus insupportable que cette répugnance était mêlée de remords. Elle ne craignait plus pour la vie de M. de Melun, mais enfin il avait reçu ses sacrements ; il était blessé, souffrant, et dans son lit ; tandis qu'elle, loin de pouvoir remplir les devoirs d'une tendre épouse, se trouvait forcée de se livrer à une dissipation que n'eût osé se permettre, dans une telle circonstance, la femme de la société la plus légère et la moins sensible.

Avant de sortir de son appartement, elle envoya chercher la marquise de G., qu'elle avait priée d'aller chez M. de Melun. La marquise vint, et dit qu'elle n'avait pu voir M. de Melun, le chirurgien ne permettant à qui que ce fût d'entrer dans sa chambre, parce qu'un parfait repos était absolument nécessaire dans son état. Quoique cette précaution fût assez simple, néanmoins elle troubla Mlle de Clermont, qui descendit dans le salon avec le plus affreux serrement de cœur. Malgré le rouge et la parure, elle était excessivement changée ; et la douleur peinte sur son front et dans ses yeux démentait le sourire d'affabilité que l'on voyait encore sur ses lèvres. Elle s'aperçut que tous les regards se fixaient sur elle, mais avec une expression qui acheva de la troubler ; on ne la contemplait point, on l'examinait : et la curiosité que l'on inspire aux indifférents est surtout embarrassante, insupportable, lorsqu'on souffre et qu'on veut le cacher. À dîner, placée à côté du roi, ce qu'elle éprouva est inexprimable. Quel supplice, lorsqu'on est uniquement occupée d'une idée douloureuse, d'écouter attentivement la conversation la plus frivole, la plus décousue ; lorsqu'il faut, à toute minute, répondre à des riens ! Combien alors la gaieté des autres paraît incompréhensible et odieuse ! Comme le son d'un éclat de rire surprend et révolte ! Quels mouvements d'aversion on ressent pour tous ceux qui s'amusent, qui ont un visage épanoui et qui disent des folies !... À cinq heures du soir, il fallut aller au spectacle ; Mlle de Clermont frissonna en se trouvant dans une salle de comédie... Une affreuse pensée vint s'offrir à son imagination et ne la quitta plus. « Si dans ce moment, se disait-elle, *il était plus mal !...* » Bientôt elle prit cette idée cruelle pour un pressentiment. Que n'aurait-elle pas donné pour avoir la possibilité d'aller savoir de ses nouvelles ! Mais, assise entre le roi et Monsieur le Duc, elle n'avait nul moyen de sortir un moment, ou même de donner une commission. On jouait une comédie plaisante, la salle retentissait d'éclats de rire, et l'infortunée princesse, avec des yeux pleins de larmes, était forcée d'applaudir !...

En sortant de la comédie, elle envoya (pour la dixième

fois de la journée) savoir des nouvelles de M. de Melun ; on lui répéta qu'il était toujours dans le même état. Mais tout à coup son cœur fut déchiré par une pensée plus terrible que toutes les autres... « Si M. de Melun était plus mal, le dirait-on pendant la fête, et tant que le roi serait à Chantilly ?... » Et même pouvait-elle se fier entièrement à ce qu'on lui avait dit le matin ?... On voulait absolument qu'elle fît les honneurs de la fête !... Glacée par cette idée funeste, elle n'eut pas le courage de la fixer, elle la repoussa avec horreur ; mais le coup était porté, il avait atteint son cœur d'un trait mortel !... Elle pouvait écarter la réflexion, et non se soustraire à la souffrance. Enfin le roi partit à onze heures du soir. Mlle de Clermont se hâta de remonter dans son appartement, décidée à se rendre chez M. de Melun quand tout le monde serait couché. Elle se débarrassa de sa parure, et à trois heures après minuit elle descendit... Il fallait traverser une partie de la cour... La nuit, l'heure, le silence, tout lui rappela un souvenir déchirant dans ce moment !... « Hélas ! dit-elle, j'ai passé ici avec le même mystère il y a huit jours !... Cette nuit s'écoula pour moi dans tous les transports de l'amour et du bonheur !... et celle-ci !... Cette félicité ne fut qu'un songe rapide, et cette aurore qui va luire sera peut-être pour moi le plus affreux réveil... Arrêtons-nous... Jouissons encore un instant, sinon de l'espérance, du moins de l'incertitude, le seul bien qui me reste !... » À ces mots, elle s'assit sur une pierre, elle croisa ses mains sur sa poitrine, et, levant vers le ciel des yeux noyés de pleurs : « Ô Consolateur invisible ! s'écria-t-elle, viens fortifier ce cœur éperdu ! Ô maître souverain ! si tu ne m'as destiné sur la terre que huit jours de bonheur, préserve-moi du désespoir qui blasphème ou qui murmure, donne-moi l'humble douleur qui détache de tous les biens périssables pour se réfugier dans ton sein !... » En prononçant ces paroles, ses larmes coulaient en abondance, mais cependant avec moins d'amertume... Le jour commençait à poindre, elle frissonna. « Jour incertain et terrible, dit-elle, que seras-tu pour moi ? Tu contiens tout mon avenir !... » Après un moment de silence, elle se leva et se remit en marche. Elle rentra dans le palais et monta l'escalier ; bientôt elle fut à la porte de M. de Melun ; là, ses genoux tremblants fléchirent, elle s'appuya contre le mur... « Allons, dit-elle, connaissons notre sort ! » Elle cherche la clef pour ouvrir la porte, mais en vain... Elle n'ose frapper... Elle écoute...

Un silence profond régnait dans tout le corridor : ce silence l'effraya... Hélas ! du bruit et du mouvement l'eussent épouvantée de même !... Elle resta plus d'une demi-heure collée sur cette porte ; enfin le grand jour l'obligea à se retirer. Elle rentra chez elle, s'assit dans un fauteuil, en attendant que ses femmes fussent éveillées. À sept heures, elle entend marcher, ouvrir une porte, elle sort, en tressaillant, d'une douloureuse rêverie. Elle se lève avec agitation... Une femme de chambre, avec un air consterné, entre et lui dit que le valet de chambre de M. de Melun demande à lui parler. Mlle de Clermont frémit, et ne répond que par un signe. Le valet de chambre paraît ; son maintien, sa physionomie n'annoncent que trop l'affreuse vérité. La princesse tombe sur une chaise, une pâleur mortelle se répand sur tous ses traits... Le valet de chambre s'approche lentement et lui présente un papier. La malheureuse princesse se jette à genoux pour le recevoir, et, recueillant le peu de forces qui lui reste, elle ouvre l'écrit fatal ; c'était le premier billet qu'elle écrivit jadis à M. de Melun, et qui ne contenait que ces mots : *Pour toujours !* Mais son époux mourant, avant de rendre le dernier soupir, avait aussi retracé sur ce même billet sa première déclaration. On y lisait ces paroles touchantes : « Je dépose en vos mains ce que je possédais de plus cher !... Adieu, n'oubliez point celui qui vous aima *jusqu'au tombeau...* »

Édouard

Mme de Duras

Introduction

J'allais rejoindre à Baltimore mon régiment, qui faisait partie des troupes françaises employées dans la guerre d'Amérique ; et, pour éviter les lenteurs d'un convoi, je m'étais embarqué à Lorient sur un bâtiment marchand armé en guerre. Ce bâtiment portait avec moi trois autres passagers : l'un d'eux m'intéressa dès le premier moment que je l'aperçus ; c'était un grand jeune homme, d'une belle figure, dont les manières étaient simples et la physionomie spirituelle ; sa pâleur, et la tristesse dont toutes ses paroles et toutes ses actions étaient comme empreintes, éveillaient à la fois l'intérêt et la curiosité. Il était loin de les satisfaire ; il était habituellement silencieux, mais sans dédain. On aurait dit au contraire qu'en lui la bienveillance avait survécu à d'autres qualités éteintes par le chagrin. Habituellement distrait, il n'attendait ni retour ni profit pour lui-même de rien de ce qu'il faisait. Cette facilité à vivre, qui vient du malheur, a quelque chose de touchant ; elle inspire plus de pitié que les plaintes les plus éloquentes.

Je cherchais à me rapprocher de ce jeune homme ; mais,

malgré l'espèce d'intimité forcée qu'amène la vie d'un vaisseau, je n'avançais pas. Lorsque j'allais m'asseoir auprès de lui, et que je lui adressais la parole, il répondait à mes questions ; et si elles ne touchaient à aucun des sentiments intimes du cœur, mais aux rapports vagues de la société, il ajoutait quelquefois une réflexion ; mais dès que je voulais entrer dans le sujet des passions, ou des souffrances de l'âme, ce qui m'arrivait souvent, dans l'intention d'amener quelque confiance de sa part, il se levait, il s'éloignait, ou sa physionomie devenait si sombre que je ne me sentais pas le courage de continuer. Ce qu'il me montrait de lui aurait suffi de la part de tout autre, car il avait un esprit singulièrement original ; il ne voyait rien d'une manière commune, et cela venait de ce que la vanité n'était jamais mêlée à aucun de ses jugements. Il était l'homme le plus indépendant que j'aie connu ; le malheur l'avait rendu comme étranger aux autres hommes ; il était juste parce qu'il était impartial, et impartial parce que tout lui était indifférent. Lorsqu'une telle manière de voir ne rend pas fort égoïste, elle développe le jugement, et accroît les facultés de l'intelligence. On voyait que son esprit avait été fort cultivé ; mais, pendant toute la traversée, je ne le vis jamais ouvrir un livre ; rien en apparence ne remplissait pour lui la longue oisiveté de nos jours. Assis sur un banc à l'arrière du vaisseau, il restait des heures entières appuyé sur le bordage à regarder fixement la longue trace que le navire laissait sur les flots. Un jour il me dit : « Quel fidèle emblème de la vie ! Ainsi nous creusons péniblement notre sillon dans cet océan de misère qui se ferme après nous. — À votre âge, lui dis-je, comment voyez-vous le monde sous un jour si triste ? — On est vieux, dit-il, quand on n'a plus d'espérance. — Ne peut-elle donc renaître ? lui demandais-je. — Jamais », répondit-il. Puis, me regardant tristement : « Vous avez pitié de moi, me dit-il, je le vois ; croyez que je suis touché, mais je ne puis vous ouvrir mon cœur ; ne le désirez même pas, il n'y a point de remède à mes maux, et tout m'est inutile désormais, même un ami. » Il me quitta en prononçant ces dernières paroles.

J'essayai peu de jours après de reprendre la même conversation ; je lui parlai d'une aventure de ma jeunesse ; je lui racontai comment les conseils d'un ami m'avaient épargné une grande faute. « Je voudrai, lui dis-je, être aujourd'hui pour vous ce qu'on fut alors pour moi. » Il prit ma main : « Vous êtes trop bon, me dit-il ; mais vous ne savez pas ce que vous me demandez, vous voulez me faire du bien, et vous me feriez du mal : les grandes douleurs n'ont pas besoin de confidents ; l'âme qui peut les contenir se suffit à elle-même ; il faut entrevoir ailleurs l'espérance pour sentir le besoin de l'intérêt des autres ; à quoi bon toucher à des plaies inguérissables ? Tout est fini pour moi dans la vie, et je suis déjà à mes yeux comme si je n'étais plus. » Il se leva, se mit à marcher sur le pont, et bientôt alla s'asseoir à l'autre extrémité du navire.

Je quittai alors le banc que j'occupais pour lui donner la facilité d'y revenir ; c'était sa place favorite, et souvent même il y passait les nuits. Nous étions alors dans le parallèle des vents alizés, à l'ouest des Açores, et dans un climat délicieux. Rien ne peut peindre le charme de ces nuits des tropiques : le firmament semé d'étoiles se réfléchit dans une mer tranquille. On se croirait placé, comme l'archange de Milton, au centre de l'univers, et pouvant embrasser d'un seul coup d'œil la création tout entière.

Le jeune passager remarquait un soir ce magnifique spectacle : « L'infini est partout, dit-il ; on le voit là, en montrant le ciel ; on le sent ici, en montrant son cœur : et cependant quel mystère ! qui peut le comprendre ? Ah ! la mort en a le secret ; elle nous l'apprendra peut-être, ou peut-être nous fera-t-elle tout oublier. Tout oublier ! répéta-t-il d'une voix tremblante. — Vous n'entretenez pas une pensée si coupable ! lui dis-je. — Non, répondit-il : qui pourrait douter de l'existence de Dieu en contemplant ce beau ciel ? Dieu a répandu ses dons également sur tous les êtres, il est souverainement bon ; mais les institutions des hommes sont toutes-puissantes aussi, et elles sont la source de mille douleurs. Les anciens plaçaient la fatalité dans le ciel ; c'est sur la terre qu'elle existe, et il n'y a rien de plus inflexible dans le monde que l'ordre social tel que les hommes l'ont créé. » Il me quitta en achevant ces mots. Plusieurs fois je renouvelais mes efforts, tout fut inutile ; il me repoussait sans me blesser, et cette âme inaccessible aux consolations était encore généreuse, bienveillante, élevée ; elle aurait donné le bonheur qu'elle ne pouvait plus recevoir.

Le voyage finit ; nous débarquâmes à Baltimore. Le jeune passager me demanda de l'admettre comme volontaire dans mon régiment ; il y fut inscrit, comme sur le registre du vaisseau, sous le seul nom d'Édouard. Nous entrâmes en campagne, et, dès les premières affaires que nous eûmes avec l'ennemi, je vis qu'Édouard s'exposait comme un homme qui veut se débarrasser de la vie. J'avoue que chaque jour m'attachait davantage à cette victime du malheur ; je lui disais quelquefois : « J'ignore votre vie, mais je connais votre cœur ; vous ne voulez pas me donner votre confiance, mais je n'en ai pas besoin pour vous aimer. » Souffrir profondément appartient aux âmes distinguées, car les sentiments communs sont toujours superficiels. « Édouard, lui dis-je un jour, est-il donc impossible de vous faire du bien ? » Les larmes lui vinrent aux yeux. « Laissez-moi, me dit-il, je ne veux pas me rattacher à la vie. » Le lendemain nous attaquâmes un fort sur la Skulkill. S'étant mis à la tête d'une poignée de soldats, Édouard emporta la redoute l'épée à la main. Je le suivais de près ; je ne sais quel pressentiment me disait qu'il avait fixé ce jour-là pour trouver la mort qu'il semblait chercher. En effet, je le vis se jeter dans les rangs des soldats ennemis qui défendaient les ouvrages intérieurs du fort. Préoccupé de l'idée de garantir Édouard, je ne pensais pas à moi-même ; je reçus un coup de feu tiré de fort près, et qui lui était destiné. Nos gens arrivèrent, et parvinrent à nous dégager. Édouard me souleva dans ses bras, me porta dans le fort, banda ma blessure, et, soutenant ma tête, il attendit ainsi le chirurgien. Jamais je n'ai vu une physionomie exprimer si vivement des émotions si variées et si profondes ; la douleur, l'inquiétude, la reconnaissance, s'y peignaient avec tant de force et de fidélité qu'on aurait voulu qu'un peintre pût en conserver les traits. Lorsque le chirurgien prononça que mes blessures n'étaient pas mortelles, des larmes coulèrent des yeux d'Édouard. Il me pressa sur son cœur : « Je serais mort deux fois », me dit-il. De ce jour, il ne me quitta plus ; je languis longtemps : ses soins ne se démentirent jamais ; ils prévenaient tous mes désirs. Édouard, toujours sérieux, cherchait pourtant à me distraire ; son esprit piquant amenait et faisait naître la plaisanterie : lui seul n'y prenait aucune part ; seul il restait étranger à cette gaieté qu'il avait excitée lui-même. Souvent il me faisait la lecture ; il devinait ce qui pouvait soulager mes maux. Je ne sais quoi de paisible, de tendre, se mêlait à ses soins, et leur donnait le charme délicat qu'on attribue à ceux des femmes : c'est qu'il possédait leur dévouement, cette vertu touchante qui transporte dans ce que nous aimons ce *moi*, source de toutes les misères de nos cœurs, quand nous ne le plaçons pas dans un autre.

Édouard cependant gardait toujours sur lui-même ce silence qui m'avait longtemps affligé ; mais chaque jour diminuait ma curiosité, et maintenant je craignais bien plus de l'affliger que je ne désirais le connaître. Je le connaissais assez ; jamais un cœur plus noble, une âme plus élevée, un caractère plus aimable, ne s'étaient montrés à moi. L'élégance de ses manières et de son langage montrait qu'il avait vécu dans la meilleure compagnie. Le bon goût forme entre ceux qui le possèdent une sorte de lien qu'on ne saurait définir. Je ne pouvais concevoir pourquoi je n'avais jamais rencontré Édouard, tant il paraissait appartenir à la société où j'avais passé ma vie. Je le lui dis un jour, et cette simple remarque amena ce que j'avais si longtemps sollicité en vain. « Je ne dois plus vous rien refuser, me dit-il ; mais n'exigez pas que je vous parle de mes peines ; j'essayerai d'écrire, et de vous faire connaître celui dont vous avez conservé la vie aux dépens de la vôtre. » Bientôt je me repentis d'avoir accepté cette preuve de la reconnaissance d'Édouard. En peu de jours, il retomba dans la profonde mélancolie dont il s'était un moment efforcé de sortir. Je voulus l'engager à interrompre son travail. « Non, me dit-il ; c'est un devoir, je veux le remplir. » Au bout de quelques jours, il entra dans ma chambre, tenant dans sa main un gros cahier d'une écriture assez fine. « Tenez, me dit-il, ma promesse est accomplie, vous ne vous plaindrez plus qu'il n'y a pas de *passé* dans notre amitié ; lisez ce cahier, mais ne me parlez pas de qu'il contient ; ne me cherchez même pas aujourd'hui, je veux rester seul. On croit ses souvenirs ineffaçables, ajouta-t-il ; et cependant quand on va les chercher au fond de son âme, on y réveille mille nouvelles douleurs. » Il me quitta en achevant ces mots, et je lus ce qui va suivre.

Édouard

Je suis le fils d'un célèbre avocat au parlement de Paris ;
ma famille est de Lyon, et depuis plusieurs générations elle
a occupé les utiles emplois réservés à la haute bourgeoisie
de cette ville. Un de mes grands-pères mourut victime de
son dévouement dans la maladie épidémique qui désola Lyon
en 1748. Son nom révéré devint dans sa patrie le synonyme
du courage et de l'honneur. Mon père fut de bonne heure
destiné au barreau ; il s'y distingua, et acquit une telle considération, qu'il devint d'usage de ne se décider sur aucune
affaire de quelque importance sans la lui avoir soumise. Il
se maria déjà vieux à une femme qu'il aimait depuis longtemps ; je fus leur unique enfant. Mon père voulut m'élever lui-même ; et lorsque j'eus dix ans accomplis, il se retira
avec ma mère à Lyon, et se consacra tout entier à mon éducation. Je satisfaisais mon père sous quelques points ; je
l'inquiétais sous d'autres. Apprenant avec une extrême facilité, je ne faisais aucun usage de ce que je savais. Réservé,
silencieux, peu confiant, tout s'entassait dans mon esprit et
ne produisait qu'une fermentation inutile et de continuelles

rêveries. J'aimais la solitude, j'aimais à voir le soleil couchant ; je serais resté des journées entières, assis sur cette petite pointe de sable qui termine la presqu'île où Lyon est bâtie, à regarder se mêler les eaux de la Saône et du Rhône, et à sentir comme ma pensée et ma vie entraînées dans leur courant. On m'envoyait chercher ; je rentrais, je me mettais à l'étude sans humeur et sans dégoût ; mais on aurait dit que je vivais deux vies ; tant mes occupations et mes pensées étaient de nature différente. Mon père essayait quelquefois de me faire parler ; mais c'était ma mémoire seule qui lui répondait. Ma mère s'efforçait de pénétrer dans mon âme par la tendresse ; je l'embrassais, mais je sentais même dans ces douces caresses quelque chose d'incomplet au fond de mon âme.

Mon père possédait au milieu des montagnes du Forez, entre Boën et Saint-Étienne, des forges et une maison. Nous allions chaque année passer à ces forges les deux mois des vacances. Ce temps désiré et savouré avec délices s'écoulait toujours trop vite. La position de ce lieu avait quelque beauté ; la rivière qui faisait aller la forge descendait d'un cours rapide, et souvent brisé par les rochers ; elle formait au-dessous de la forge une grande nappe d'eau tranquille ; puis elle se détournait brusquement, et disparaissait entre deux hautes montagnes recouvertes de sapins. La maison d'habitation était petite ; elle était située au-dessus de la forge, de l'autre côté du chemin, et placée à peu près au tiers de la hauteur de la montagne. Environnée d'une vieille forêt de sapins, elle ne possédait pour tout jardin qu'une petite plate-forme, dessinée avec des buis, ornée de quelques fleurs, et d'où l'on avait la vue de la forge, des montagnes, et de la rivière. Il n'y avait point là de village. Il était situé à un quart de lieue plus haut, sur le bord du torrent, et chaque matin la population, qui travaillait aux forges presque tout entière, passait sous la plate-forme en se rendant aux travaux. Les visages noirs et enfumés des habitants, leurs vêtements en lambeaux, faisaient un triste contraste avec leur vive gaieté, leurs chants, leurs danses, et leurs chapeaux ornés de rubans. Cette forge était pour moi à la campagne ce qu'était à Lyon la petite pointe de sable et le cours majestueux du Rhône : le mouvement me jetait dans les mêmes rêveries que le repos. Le soir, quand la nuit était sombre, on ne pouvait m'arracher de la plate-forme ; la forge était alors dans toute sa beauté ; les torrents de feu qui s'échappaient de ses fourneaux éclairaient ce seul point d'une lumière rouge, sur laquelle tous les objets se dessinaient comme des spectres ; les ouvriers dans l'activité de leurs travaux, armés de leurs grands pieux aigus, ressemblaient aux démons de cette espèce d'enfer ; des ruisseaux d'un feu liquide coulaient au dehors ; des fantômes noirs coupaient ce feu, et en emportaient des morceaux au bout de leur baguette magique ; et bientôt le feu lui-même prenait entre les mains une nouvelle forme. La variété des attitudes, l'éclat de cette lumière terrible dans un seul point du paysage, la lune qui se levait derrière les sapins, et qui argentait à peine l'extrémité de leur feuillage, tout ce spectacle me ravissait. J'étais fixé sur cette plate-forme comme par l'effet d'un enchantement, et, quand on venait m'en tirer, on me réveillait comme d'un songe.

Cependant, je n'étais pas si étranger aux jeux de l'enfance que cette disposition pourrait le faire croire ; mais c'était surtout le danger qui me plaisait. Je gravissais les rochers les plus inaccessibles ; je grimpais sur les arbres les plus élevés ; je croyais toujours poursuivre je ne sais quel but que je n'avais encore pu atteindre, mais que je trouverais au-delà de ce qui m'était déjà connu ; je m'associais d'autres enfants dans mes entreprises ; mais j'étais leur chef, et je me plaisais à les surpasser en témérité. Souvent je leur défendais de me suivre, et ce sentiment du danger perdait tout son charme pour moi si je le voyais partagé.

J'allais avoir quatorze ans ; mes études étaient fort avancées, mais je restais toujours au même point pour le fruit que je pouvais en tirer, et mon père désespérait d'éveiller en moi ce feu de l'âme sans lequel tout ce que l'esprit peut acquérir n'est qu'une richesse stérile, lorsqu'une circonstance, légère en apparence, vint faire vibrer cette corde cachée au fond de mon âme, et commença pour moi une existence nouvelle. J'ai parlé de mes jeux : un de ceux qui me plaisaient le plus était de traverser la rivière en sautant de rocher en rocher par-dessus ses ondes bouillonnantes ; souvent même je prolongeais ce jeu périlleux, et, non content de traverser la rivière, je la remontais ou je la descendais de la même façon. Le danger était grand ; car, en approchant de la forge, la rivière encaissée se précipitait violemment sous les lourds marteaux qui broyaient la mine, et sous les roues que le courant faisait mouvoir. Un jour, un enfant un peu plus jeune que moi me dit : « Ce que tu fais n'est pas difficile —. « Essaye-donc », répondis-je. Il saute, fait quelques pas, glisse, et disparaît dans les flots. Je n'eus pas le temps de la réflexion ; je me précipite, je me cramponne aux rochers, et l'enfant, entraîné par le courant, vient s'arrêter contre l'obstacle que je lui présente. Nous étions à deux pas des roues, et, les forces me manquant, nous allions périr, lorsqu'on vint à notre secours. Je fondis en larmes quand le danger fut passé. Mon père, ma mère accoururent et m'embrassèrent ; mon cœur palpita de joie en recevant leurs caresses. Le lendemain, en étudiant, je croyais lire des choses nouvelles ; je comprenais ce que jusque-là je n'avait fait qu'apprendre ; j'avais acquis la faculté d'admirer ; j'étais ému de ce qui était bien, enflammé de ce qui était grand. L'esprit de mon père me frappait comme si je ne l'eusse jamais entendu : je ne sais quel voile s'était déchiré dans les profondeurs de mon âme. Mon cœur battait dans les bras de ma mère, et je comprenais son regard. Ainsi un jeune arbre, après avoir langui longtemps, prend tout à coup l'essor ; il pousse des branches vigoureuses, et on s'étonne de la beauté de son feuillage ; c'est que sa racine a enfin rencontré le filon de terre qui convient à sa substance ; j'avais rencontré aussi le terrain qui m'était propre ; j'avais dévoué ma vie pour un autre.

De ce moment je sortis de l'enfance. Mon père, encouragé par le succès, m'ouvrit les voies nouvelles qu'on ne parcourt qu'avec l'imagination. En me faisant appliquer les sentiments aux faits, il forma à la fois mon cœur et mon jugement. « Savoir et sentir, disait-il souvent, voilà toute l'éducation. »

Les lois furent ma principale étude ; mais par la manière dont cette étude était conduite, elle embrassait toutes les autres. Les lois furent faites en effet pour les hommes et pour les mœurs de tous les temps : elles suivirent les besoins ; compagnes de l'histoire, elles sont le mot de toutes les difficultés, le flambeau de tous les mystères ; elles n'ont point de secret pour qui sait les étudier, point de contradiction pour qui sait les comprendre.

Mon père était le plus aimable des hommes ; son esprit servait à tout, et il n'en avait jamais que ce qu'il fallait. Il possédait au suprême degré l'art de faire sortir la plaisanterie de la raison. L'opposition du bon sens aux idées fausses est presque toujours comique ; mon père m'apprit à trouver ridicule ce qui manquait de vérité. Il ne pouvait mieux en conjurer le danger.

C'est un danger pourtant et un grand malheur que la passion dans l'appréciation des choses de la vie, même quand les principes les plus purs et la raison la plus saine sont vos guides. On ne peut haïr fortement ce qui est mal, sans adorer ce qui est bien ; et ces mouvements violents sont-ils faits pour le cœur de l'homme ? Hélas ! ils le laissent vide et dévasté comme une ruine, et cet accroissement momentané de la vie amène et produit la mort.

Je ne faisais pas alors ces réflexions ; le monde s'ouvrait à mes yeux comme un océan sans bornes. Je rêvais la gloire, l'admiration, le bonheur ; mais je ne les cherchais pas hors de la profession qui m'était destinée. Noble profession, où l'on prend en main la défense de l'opprimé, où l'on confond le crime, et fait triompher l'innocence ! Mes rêveries, qui avaient alors quelque chose de moins vague, me représentaient toutes les occasions que j'aurais de me distinguer ; et je créais des malheurs et des injustices chimériques, pour avoir la gloire et le plaisir de les réparer.

La révolution qui s'était faite dans mon caractère n'avait produit aucun changement dans mes goûts. Comme aux jours de mon enfance, je fuyais la société ; je ne sais quelle déplaisance s'attachait pour moi à vivre avec des gens, respectables sans doute, mais dont aucun ne réalisait ce type que je m'étais formé au fond de l'âme, et qui, au vrai, n'avait que mon père pour modèle. Dans l'intimité de notre famille, entre mon père et ma mère, j'étais heureux ; mais dès qu'il arrivait un étranger, je m'en allais dans ma chambre vivre dans ce monde que je m'étais créé, et auquel celui-là ressemblait si peu.

Ma mère avait beaucoup d'esprit, de la douceur et une raison supérieure ; elle aimait les idées reçues, peut-être même les idées communes, mais elle les défendait par des motifs nouveaux et piquants. La longue habitude de vivre avec mon père et de l'aimer avait fait d'elle comme un reflet de lui ; mais ils pensaient souvent les mêmes choses par des motifs différents, et cela rendait leurs entretiens à la fois paisibles et animés. Je ne les vis jamais différer que sur un seul point. Hélas ! je vois aujourd'hui que ma mère avait raison.

Mon père avait dû la plus grande partie de son talent, et de sa célébrité comme avocat, à une profonde connaissance du cœur humain. Je lui ai ouï dire que les pièces d'un procès servaient moins à établir son opinion que le tact qui lui faisait pénétrer jusqu'au fond de l'âme des parties intéressées. Cette sagacité, cette pénétration, cette finesse d'aperçus, étaient des qualités que mon père aurait voulu me donner ; peut-être même la solitude habituelle où nous vivions avait-elle pour but de me préparer à être plus frappé du spectacle de la société qu'on ne l'est lorsque graduellement on s'est familiarisé avec ses vices et ses ridicules, et qu'on arrive blasé sur l'impression qu'on en peut recevoir. Mon père voulait montrer le monde à mes yeux, lorsqu'il serait assuré que le goût du bien, la solidarité des principes, et la faculté de l'observation, seraient assez mûris en moi pour retirer de ce spectacle le profit qu'il se plaisait à en attendre.

Mon père avait été assez heureux dans sa jeunesse pour sauver dans un procès fameux la fortune et l'honneur du maréchal d'Olonne. Les rapports où les avait mis cette affaire avaient créé entre eux une amitié qui, depuis trente ans, ne s'était jamais démentie. Malgré des destinées si différentes, leur intimité était restée la même : tant il est vrai que la parité de l'âme est le seul lien réel de la vie. Une correspondance fréquente alimentait leur amitié. Il ne se passait pas de semaine que mon père ne reçût des lettres de M. le maréchal d'Olonne, et la plus intime confiance régnait entre eux. C'est dans cette maison que mon père comptait me mener quand j'aurais atteint ma vingtième année ; c'est là qu'il se flattait de me faire voir la bonne compagnie, et de me faire acquérir ces qualités de l'esprit qu'il désirait tant que je possédasse. J'ai vu ma mère s'opposer à ces desseins. « Ne sortons point de notre état, disait-elle à mon père : pourquoi mener Édouard dans un monde où il ne doit pas vivre, et qui le dégoûtera peut-être de notre paisible intérieur ? — Un avocat, disait mon père, doit avoir étudié tous les rangs ; il faut qu'il se familiarise d'avance avec la politesse des gens de la cour pour n'en être pas ébloui. Ce n'est que dans le monde qu'il peut acquérir la pureté du langage et la grâce de la plaisanterie. La société seule enseigne les convenances, et toute cette science de goût, qui n'a point de préceptes, et que pourtant on ne vous pardonne pas d'ignorer. — Ce que vous dites est vrai, reprenait ma mère ; mais j'aime mieux, je vous l'avoue, qu'Édouard ignore tout cela et qu'il soit heureux ; on ne l'est qu'en s'associant avec ses égaux : *Among unequals no society / Can sort*[1].

« — La citation est exacte, répondit mon père, mais le poète ne l'entend que de l'égalité morale, et, sur ce point, je suis de son avis, j'ai le droit de l'être. — Oui, sans doute, reprit ma mère, mais le maréchal d'Olonne est une exception. Respectons les convenances sociales ; admirons la hiérarchie des rangs, elle est utile, elle est respectable ; d'ailleurs n'y tenons-nous pas notre place ? Mais gardons-la, cette place ; on se trouve toujours mal d'en sortir. » Ces conversations se renouvelaient souvent ; et j'avoue que le désir de voir des choses nouvelles, et je ne sais quelle inquiétude cachée au fond de mon âme, me mettaient du parti de mon père, et me faisaient ardemment souhaiter d'avoir vingt ans pour aller à Paris, et pour voir le maréchal d'Olonne.

Je ne vous parlerai pas des deux années qui s'écoulèrent jusqu'à cette époque. Des études sérieuses occupèrent tout mon temps : le droit, les mathématiques, les langues employaient toutes les heures de mes journées ; et cependant ce travail aride, qui aurait dû fixer mon esprit, me laissa tel que la nature m'avait créé, et tel sans doute que je dois mourir.

---

1. Milton.

À vingt ans, j'attendais un grand bonheur, et la Providence m'envoya la plus grande de toute les peines : je perdis ma mère. Comme nous allions partir pour Paris, elle tomba malade ; et à cette maladie succéda un état de langueur qui se prolongea six mois. Elle expira doucement dans mes bras ; elle me bénit, elle me consola. Dieu eut pitié d'elle et de moi ; il lui épargna la douleur de me voir malheureux, et à moi celle de déchirer son âme ; elle ne me vit pas tomber dans ce piège que sa raison avait su prévoir, et dont elle avait inutilement cherché à me garantir. Hélas ! puis-je dire que je rejette la paix que j'ai perdue ? Voudrais-je aujourd'hui de cette existence tranquille que ma mère rêvait pour moi ? Non, sans doute. Je ne puis plus être heureux ; mais cette douleur, que je porte au fond de mon âme, m'est plus chère que toutes les joies communes de ce monde. Elle fera encore la gloire du dernier de mes jours, après avoir fait le charme de ma jeunesse ; à vingt-trois ans, des souvenirs sont tout ce qui me reste ; mais, qu'importe ? ma vie est finie, et je ne demande plus rien à l'avenir.

Dans le premier moment de sa douleur, mon père renonça au voyage de Paris. Nous allâmes en Forez, où nous croyions nous distraire, et où nous trouvâmes partout l'image de celle que nous pleurions. Qu'elle est cruelle l'absence de la mort ! Absence sans retour ! Nous la sentions, même quand nous croyions l'oublier. Toujours seul avec mon père, je ne sais quelle sécheresse se glissait quelquefois dans nos entretiens. C'est par ma mère que la décision de mon père et mes rêveries se rencontraient sans se heurter ; elle était comme la nuance harmonieuse qui unit deux couleurs vives et trop tranchées. À présent qu'elle n'y était plus, nous sentions pour la première fois, mon père et moi, que nous étions deux, et que nous n'étions pas toujours d'accord.

Au mois de novembre nous partîmes pour Paris. Mon

père alla loger chez un frère de sa mère, M. d'Herbelot, fermier général fort riche. Il avait une belle maison à la Chaussée d'Antin, où il nous reçut à merveille. Il nous donna de grands dîners, me mena au spectacle, au bal, me fit voir toutes les curiosités de Paris. Mais c'était M. le maréchal d'Olonne que je désirais voir, et il était à Fontainebleau, d'où il ne devait revenir que dans quinze jours. Ce temps se passa dans des fêtes continuelles. Mon oncle ne me faisait grâce d'aucune façon de s'amuser ; les piqueniques, les parties de toute espèce, les comédies, les concerts, Géliot, et mademoiselle Arnould. J'étais déjà fatigué de Paris, quand mon père reçut un billet de M. le maréchal d'Olonne, qui lui mandait qu'il était arrivé, et qu'il l'invitait à dîner pour ce même jour. « Amenez notre Édouard », disait-il. Combien cette expression me toucha !

Je vous raconterai ma première visite à l'hôtel d'Olonne, parce qu'elle me frappa singulièrement. J'étais accoutumé à la magnificence chez mon oncle M. d'Herbelot ; mais tout le luxe de la maison d'un fermier général fort riche ne ressemblait en rien à la noble simplicité de la maison de M. le maréchal d'Olonne. Le passé dans cette maison servait d'ornement au présent ; des tableaux de la famille, qui portaient des noms historiques et chers à la France, décoraient la plupart des pièces ; de vieux valets de chambre marchaient devant vous pour vous annoncer. Je ne sais quel sentiment de respect vous saisissait en parcourant cette vaste maison, où plusieurs générations s'étaient succédé, faisant honneur à la fortune et à la puissance plutôt qu'elles n'en étaient honorées. Je me rappelle jusqu'au moindre détail de cette première visite ; plus tard tout est confondu dans un seul souvenir ; mais alors j'examinais avec une vive curiosité ce qui avait fait si souvent le sujet des conversations de mon père, et cette société dont il m'avait parlé tant de fois.

Il n'y avait que cinq ou six personnes dans le salon lorsque nous arrivâmes. M. le maréchal d'Olonne causait debout auprès de la cheminée ; il vint au-devant de mon père, et lui prit les mains. « Mon ami, lui dit-il, mon excellent ami ! enfin vous voilà ! Vous m'amenez Édouard. Savez-vous, Édouard, que vous venez chez l'homme qui aime le mieux votre père, qui honore le plus ses vertus, et qui lui doit une reconnaissance éternelle ? » Je répondis qu'on m'avait accoutumé de bonne heure aux bontés de monsieur le maréchal. « Vous a-t-on dit que je devais vous servir de père, si vous n'eussiez pas conservé le vôtre ? — Je n'ai pas eu besoin de ce malheur pour sentir la reconnaissance », répondis-je. Il prit occasion de ce peu de mots pour faire mon éloge. « Qu'il est bien ! dit-il ; qu'il est beau ! qu'il a l'air modeste et spirituel ! » Il savait qu'en me louant ainsi il réjouissait le cœur de mon père. On reprit la conversation. J'entendis nommer les personnes qui m'entouraient ; c'étaient les hommes les plus distingués dans les sciences et dans les lettres, et un Anglais, membre fameux de l'opposition. On parlait, je m'en souviens, de la jurisprudence criminelle en Angleterre et de l'institution du jury. Je sentis, je vous l'avoue, un mouvement inexprimable d'orgueil en voyant combien dans ces questions intéressantes l'opinion de mon père était comptée. On l'écoutait avec attention, presque avec respect. La supériorité de son esprit semblait l'avoir placé tout à coup au-dessus de ceux qui l'entouraient ; et ses beaux cheveux blancs ajoutaient encore l'autorité et la dignité à tout ce qu'il disait. C'est la mode d'admirer l'Angleterre. M. le maréchal d'Olonne soutenait le côté de la question qui était favorable aux institutions anglaises, et les personnes qui se montraient d'une opinion opposée s'étaient placées sur un mauvais terrain pour la défendre. Mon père en un instant mit la question dans son véritable jour. Il présenta le jury comme un monument vénérable des anciennes coutumes germaniques ; et montra l'esprit conservateur des Anglais et leur respect pour le passé dans l'existence de ces institutions, qu'ils reçurent de leurs ancêtres presque dans le même état où ils les possèdent encore aujourd'hui ; mais mon père fit voir dans notre système judiciaire l'ouvrage perfectionné de la civilisation. Notre magistrature, dit-il, a pour fondement l'honneur et la considération, ces grands mobiles des monarchies[2] ; elle est comme un sacerdoce, dont la fonction est le maintien de la morale à l'extérieur de la société, et elle n'a au-dessus d'elle que les ministres d'une religion qui, réglant cette société dans la conscience de l'homme, en attaque les désordres à leur seule et véritable source. Mon père alla jusqu'à défendre la vénalité des charges que l'Anglais attaquait toujours. « Admirable institution, dit mon père, que celle qui est parvenue à faire payer si cher le droit de sacrifier tous les plaisirs de la vie, et d'embrasser la vertu comme une convenance d'état. Ne nous calomnions pas nous-mêmes, dit encore mon père ; la magistrature qui a produit Molé, Lamoignon, d'Aguesseau, n'a rien à envier à personne ; et si le jury anglais se distingue par l'équité de ses jugements, c'est que la classe qui le compose en Angleterre est remarquable, surtout par ses lumières et son intégrité. En Angleterre l'institution repose sur les individus ; ici les individus tirent leur lustre et la valeur de l'institution. Mais il se peut, ajouta mon père en finissant cette conversation, que ces institutions conviennent mieux à l'Angleterre que ne feraient les nôtres ; cela doit être : les nations produisent leurs lois, et ces lois sont tellement le fruit des mœurs et du génie des peuples, qu'ils y tiennent plus qu'à tout le reste ; ils perdent leur indépendance, leur nom même, avant leurs lois. Je suis persuadé que cette expression, *subir la loi du vain-*

---

2. Montesquieu.

queur, a un sens plus étendu qu'on ne le lui donne en général ; c'est le dernier degré de la conquête que de subir la loi d'un autre peuple ; et les Normands, qui en Angleterre ont presque conquis la langue, n'ont jamais pu conquérir la loi. »

Ces matières étaient sérieuses, mais elle ne le paraissaient pas. Ce n'est pas la frivolité qui produit la légèreté de la conversation ; c'est cette justesse qui, comme l'éclair, jette une lumière vive et prompte sur tous les objets. Je sentis en écoutant mon père qu'il n'y a rien de si piquant que le bon sens d'un homme d'esprit.

Je me suis étendu sur cette première visite, pour vous montrer ce qu'était mon père dans la société de M. le maréchal d'Olonne. Ne devais-je pas me plaire dans un lieu où je le voyais respecté, honoré, comme il l'était de moi-même ? Je me rappelais les paroles de ma mère : sortir de son état ! Je ne leur trouvais point de sens ; rien ne m'était étranger dans la maison de M. le maréchal d'Olonne : peut-être même je me trouvais chez lui plus à l'aise que chez M. d'Herbelot. Je ne sais quelle simplicité, quelle facilité dans les habitudes de la vie me rendaient la maison de M. le maréchal d'Olonne comme le toit paternel. Hélas ! elle allait bientôt me devenir plus chère encore.

« Natalie est restée à Fontainebleau, dit M. le maréchal d'Olonne à mon père ; je l'attends ce soir. Vous la trouverez un peu grandie, ajouta-t-il en souriant. Vous rappelez-vous le temps où vous disiez qu'elle ne ressemblerait à nulle autre, et qu'elle plairait plus que toute autre ? Elle avait neuf ans alors. — Mme la duchesse de Nevers promettait dès ce temps-là tout ce qu'elle est devenue depuis, dit mon père. — Oui, reprit le maréchal, elle est charmante ; mais elle ne veut pas se remarier, et cela me désole. Je vous ai parlé de mes derniers chagrins à ce sujet ; rien ne peut vaincre son obstination. » Mon père répondit quelques mots, et nous partîmes. « Je suis du parti de Mme de Nevers, me dit mon père ; mariée à douze ans, elle n'a jamais vu qu'à l'autel ce mari, qui, dit-on, méritait peu une personne aussi accomplie. Il est mort pendant ses voyages. Veuve à vingt ans, libre et charmante, elle peut épouser qui elle voudra ; elle a raison de ne pas se presser, de bien choisir et de ne pas se laisser sacrifier une seconde fois à l'ambition. » Je me récriai sur ces mariages d'enfants. « L'usage les autorise, dit mon père ; mais je n'ai jamais pu les approuver. »

Ce fut le lendemain de ce jour que je vis pour la première fois Mme la duchesse de Nevers ! Ah ! mon ami ! comment vous la peindre ? Si elle n'était que belle, si elle n'était qu'aimable, je trouverais des expressions dignes de cette femme céleste. Mais comment décrire ce qui tout ensemble formait une séduction irrésistible ? Je me sentis troublé en la voyant, j'entrevis mon sort ; mais je ne vous dirai pas que je doutai un instant si je l'aimerais : cet ange pénétra mon âme de toute part, et je ne m'étonnai point de ce qu'elle me faisait éprouver. Une émotion de bonheur inexprimable s'empara de moi ; je sentis s'évanouir l'ennui, le vide, l'inquiétude qui dévoraient mon cœur depuis si longtemps ; j'avais trouvé ce que je cherchais, et j'étais heureux. Ne me parlez ni de ma folie ni de mon imprudence ; je ne défends rien ; je paye de ma vie d'avoir osé l'aimer. Eh bien, je ne m'en repens pas ; j'ai au fond de mon âme un trésor de douleur et de délices que je conserverai jusqu'à la mort. Ma destinée m'a séparé d'elle, je n'étais pas son égal, elle se fût abaissée en se donnant à moi : un souffle de blâme eût terni sa vie ; mais du moins je l'ai aimée comme nul autre que moi ne pouvait l'aimer, et je mourrai pour elle, puisque rien ne m'engage plus à vivre.

Cette première journée que je passai avec elle, et qui devait être suivie de tant d'autres, a laissé comme une trace lumineuse dans mon souvenir. Elle s'occupa de mon père avec la grâce qu'elle met à tout ; elle voulait lui prouver qu'elle se souvenait de ce qu'il lui avait autrefois enseigné ; elle répétait les graves leçons de mon père, et le choix de ses expressions semblait en faire des pensées nouvelles. Mon père le remarqua, et parla du charme que les mots ajoutent aux idées. « Tout a été dit, assurait mon père ; mais la manière de dire est inépuisable. » Mme de Nevers se mêlait à cette conversation. Je me souviens qu'elle dit qu'elle était née défiante, et qu'elle ne croyait que l'accent et la physionomie de ceux qui lui parlaient. Elle me regarda en disant ces mots ; je me sentis rougir, elle sourit ; peut-être vit-elle en ce moment en moi la preuve de la vérité de sa remarque.

Depuis ce jour, je retournai chaque jour à l'hôtel d'Olonne. Habituellement peu confiant, je n'eus pas à dissimuler : l'idée que je pusse aimer Mme de Nevers était si loin de mon père, qu'il n'eut pas le moindre soupçon ; il croyait que je me plaisais chez M. le maréchal d'Olonne, où se réunissait la société la plus spirituelle de Paris, et il s'en réjouissait. Mon père assurément ne manquait ni de sagacité ni de finesse d'observation ; mais il avait passé l'âge des passions, il n'avait jamais eu d'imagination, et le respect des convenances régnait en lui à l'égal de la religion, de la morale et de l'honneur ; je sentais aussi quel serait le ridicule de paraître occupé de Mme de Nevers, et je renfermais au fond de mon âme une passion, qui prenait chaque jour de nouvelles forces.

Je ne sais si d'autres femmes sont plus belles que Mme de Nevers ; mais je n'ai vu qu'à elle cette réunion complète de tout ce qui plaît. La finesse de l'esprit, et la simplicité du cœur ; la dignité du maintien, et la bienveillance des manières : partout la première, elle n'inspirait point l'envie ; elle avait cette supériorité que personne ne conteste, qui semble servir d'appui, et exclut la rivalité. Les fées semblaient l'avoir douée de tous les talents et de tous les charmes. Sa voix venait jusqu'au fond de mon âme y porter je ne sais quelles délices qui m'étaient inconnues. Ah ! mon ami qu'importe la vie quand on a senti ce qu'elle m'a fait éprouver ? Quelle longue carrière pourrait me rendre le bonheur d'un tel amour !

Il convenait à ma position dans le monde de me mêler peu de la conversation. M. le maréchal d'Olonne, par bonté pour mon père, me reprochait quelquefois le silence que je préférais garder, et je ne résistais pas toujours à montrer devant Mme de Nevers que j'avais une âme, et que j'étais peut-être digne de comprendre la sienne ; mais habituellement c'est elle que j'aimais à entendre : je l'écoutais avec délices ; je devinais ce qu'elle allait dire ; ma pensée achevait la sienne ; je voyais se réfléchir sur son front l'impression que je recevais moi-même, et cependant elle m'était toujours nouvelle, quoique je la devinasse toujours.

Un des rapports les plus doux que la société puisse créer, c'est la certitude qu'on est ainsi deviné. Je ne tardai pas à m'apercevoir que Mme de Nevers sentait que rien n'était perdu pour moi de tout ce qu'elle disait. Elle m'adressait rarement la parole ; mais elle m'adressait presque toujours la conversation. Je voyais qu'elle évitait de la laisser tomber sur des sujets qui m'étaient étrangers, sur un monde que je ne connaissais pas ; elle parlait littérature, elle parlait quelquefois de la France, de Lyon, de l'Auvergne ; elle me questionnait sur nos montagnes, et sur la vérité des descriptions de d'Urfé. Je ne sais pourquoi il m'était pénible qu'elle s'occupât ainsi de moi. Les jeunes gens qui l'entouraient étaient aussi d'une extrême politesse, et j'en étais involontairement blessé ; j'aurais voulu qu'ils fussent moins polis, ou qu'il fût permis de l'être davantage. Une espèce de souffrance sans nom s'emparait de moi, dès que je me voyais l'objet de l'attention. J'aurais voulu qu'on me laissât seul, dans mon silence, entendre et admirer Mme de Nevers.

Parmi les jeunes gens qui lui rendaient des soins, et qui

venaient assidûment à l'hôtel d'Olonne, il y en avait deux qui fixaient plus particulièrement mon attention : le duc de L. et le prince d'Enrichemont. Ce dernier était de la maison de Béthune et descendait du grand Sully ; il possédait une fortune immense, une bonne réputation, et je savais que M. le maréchal d'Olonne désirait qu'il épousât sa fille. Je ne sais ce qu'on pouvait reprendre dans les prince d'Enrichemont, mais je ne vois pas non plus qu'il y eût rien à admirer. J'avais appris un mot nouveau depuis que j'étais dans le monde, et je vais m'en servir pour lui : ses formes étaient parfaites. Jamais il ne disait rien qui ne fût convenable et agréablement tourné ; mais aussi jamais rien d'involontaire ne trahissait qu'il eût dans l'âme autre chose que ce que l'éducation et l'usage du monde y avaient mis. Cet acquis était fort étendu, et comprenait tout ce qu'on ne croirait pas de son ressort. Le prince d'Enrichemont ne se serait jamais trompé sur le jugement qu'il fallait porter d'une belle action ou d'une grande faute ; mais jusqu'à son admiration, tout était factice ; il savait les sentiments, il ne les éprouvait pas ; et l'on restait froid devant sa passion et sérieux devant sa plaisanterie, parce que la vérité seule touche, et que le cœur méconnaît tout pouvoir qui n'émane pas de lui.

Je préférais le duc de L., quoiqu'il eût mille défauts. Inconsidéré, moqueur, léger dans ses propos, imprudent dans ses plaisanteries, il aimait pourtant ce qui était bien, et sa physionomie exprimait avec fidélité les impressions qu'il recevait ; mobile à l'excès, elles n'étaient pas de longue durée, mais enfin il avait une âme, et c'était assez pour comprendre celle des autres. On aurait cru qu'il prenait la vie pour un jour de fête, tant il se livrait à ses plaisirs ; toujours en mouvement, il mettait autant de prix à la rapidité de ses courses que s'il eût eu les affaires les plus importantes ; il arrivait toujours trop tard, et cependant il n'avait jamais mis que cinquante minutes pour venir de Versailles ; il entrait sa montre à la main, en racontant une histoire ridicule, ou je ne sais quelle folie qui faisait rire tout le monde. Généreux, magnifique, le duc de L. méprisait l'argent et la vie ; et quoiqu'il prodiguât l'un et l'autre d'une manière souvent indigne du prix du sacrifice, j'avoue à ma honte que j'étais séduit par cette sorte de dédain de ce que les hommes prisent le plus. Il y a de la grâce dans un homme à ne reconnaître aucun obstacle ; et quand on expose gaiement sa vie dans une course de chevaux, ou qu'on risque sa fortune sur une carte, il est difficile de croire qu'on n'exposerait pas l'un et l'autre avec encore plus de plaisir dans une occasion sérieuse. L'élégance du duc de L. me convenait donc beaucoup plus que les manières, un peu compassées, du prince d'Enrichemont ; mais je n'avais qu'à me louer de tous deux. Les bontés de M. le maréchal d'Olonne m'avaient établi dans sa société de la manière qui pouvait le moins me faire sentir l'infériorité de la place que j'y occupais. Je n'avais presque pas senti cette infériorité dans les premiers jours ; maintenant elle commençait à peser sur moi : je me défendais par le raisonnement ; mais le souvenir de Mme de Nevers était encore un meilleur préservatif. Il m'était bien facile de m'oublier quand je pensais à elle, et j'y pensais à chaque instant.

Un jour, on avait parlé longtemps dans le salon du dévouement de Mme de B., qui s'était enfermée avec son amie intime, Mme d'Anville, malade et mourante de la petite vérole. Tout le monde avait loué cette action, et l'on avait cité plusieurs amitiés de jeunes femmes dignes d'être comparées à celle-là. J'étais debout devant la cheminée, et près du fauteuil de Mme de Nevers. « Je ne vous vois point d'amie intime ? lui dis-je. — J'en ai une qui m'est bien chère, me répondit-elle, c'est la sœur du duc de L. Nous sommes liées depuis l'enfance ; mais je crains que nous ne soyons

82

séparées pour bien longtemps ; le marquis de C. son mari est ministre en Hollande, et elle est à La Haye depuis six mois. — Ressemble-t-elle à son frère ? demandais-je. — Pas du tout, reprit Mme de Nevers ; elle est aussi calme qu'il est étourdi. C'est un grand chagrin pour moi que son absence, dit madame de Nevers. Personne ne m'est si nécessaire que madame de C., elle est ma raison, je ne me suis jamais mise en peine d'en avoir d'autre, et, à présent que je suis seule, je ne sais plus me décider à rien. — Je ne vous aurais jamais cru cette indécision dans le caractère, lui dis-je. — Ah ! reprit-elle, il est si facile de cacher ses défauts dans le monde ! Chacun met à peu près le même habit, et ceux qui passent n'ont pas le temps de voir que les visages sont différents. — Je rends grâces au ciel d'avoir été élevé comme un sauvage, repris-je ; cela me préserve de voir le monde dans cette ennuyeuse uniformité ; je suis frappé au contraire de ce que personne ne se ressemble. — C'est, dit-elle, que vous avez le temps d'y regarder ; mais quand on vient de Versailles en cinquante minutes, comment voulez-vous qu'on puisse voir autre chose que la superficie des objets ? — Mais quand c'est vous qu'on voit, lui dis-je, on devrait s'arrêter en chemin. — Voilà de la galanterie, dit-elle. — Ah ! m'écriai-je, vous savez bien le contraire ! » Elle ne répondit rien, et se mit à causer avec d'autres personnes. Je fus ému toute la soirée du souvenir de ce que j'avais dit ; il me semblait que tout le monde allait me deviner.

Le lendemain, mon père se trouva un peu souffrant ; nous devions dîner à l'hotel d'Olonne, et, pour ne pas me priver d'un plaisir, il fit un effort sur lui-même et sortit. Jamais son esprit ne parut si libre et si brillant que ce jour-là. Plusieurs étrangers qui se trouvaient à ce dîner témoignèrent hautement leur admiration, et je les entendis qui disaient entre eux qu'un tel homme occuperait en Angleterre les premières places. La conversation se prolongea longtemps, enfin la société se dispersa ; mon père resta le dernier, et, en lui disant adieu, M. le maréchal d'Olonne lui fit promettre de revenir le lendemain. Le lendemain ! grand Dieu ! il n'y en avait plus pour lui. En traversant le vestibule, mon père me dit : « Je sens que je me trouve mal. » Il s'appuya sur moi et s'évanouit. Les domestiques accoururent ; les uns allèrent avertir M. le maréchal d'Olonne ; les autres transportèrent mon père dans une pièce voisine. On le déposa sur un lit de repos, et là tous les secours lui furent donnés. Mme de Nevers les dirigeait avec une présence d'esprit admirable. Bientôt, un chirurgien attaché à la maison de M. le maréchal d'Olonne arriva, et, voyant que la connaissance ne revenait point à mon père, il proposa de le saigner. Nous attendions Tronchin, que Mme de Nevers avait envoyé chercher. Quelle bonté que la sienne ! Elle avait l'air d'un ange descendu du ciel, près de ce lit de douleur ; elle essayait de ranimer les mains glacées de mon père en les réchauffant dans les siennes. Ah ! comment la vie ne revenait-elle pas à cet appel ? Hélas ! tout était inutile. Tronchin arriva, et ne donna aucune espérance. La saignée ramena un instant la connaissance. Mon père ouvrit les yeux ; il fixa sur moi son regard éteint, et sa physionomie peignit une anxiété douloureuse. M. le maréchal d'Olonne le comprit ; il saisit la main de mon père et la mienne. « Mon ami, dit-il, soyez tranquille, Édouard sera mon fils. » Les yeux de mon père exprimèrent la reconnaissance ; mais cette vie fugitive disparut bientôt ; il poussa un profond gémissement : il n'était plus ! Comment vous peindre l'horreur de ce moment ! je ne le pourrais même pas ; je me jetai sur le corps de mon père, et je perdis à la fois la connaissance et le sentiment de mon malheur. En revenant à moi, j'étais dans le salon, tout avait disparu ; je crus sortir d'un songe horrible : mais je vis près de moi Mme de Nevers en larmes. M. le maréchal d'Olonne me dit : « Mon cher Édouard, il vous reste encore un père. » Ce mot me prouva que tout était fini. Hélas ! je doutais encore ; mon ami, quelle douleur ! Accablé, anéanti, mes larmes coulaient sans diminuer le poids affreux qui m'oppressait. Nous restâmes longtemps dans le silence ; je leur savais gré de ne pas chercher à me consoler. « J'ai perdu l'ami de toute ma vie, dit enfin M. le maréchal d'Olonne. — Il vous a dû sa dernière consolation, répondis-je. — Édouard, me dit M. le maréchal d'Olonne : de ce jour je remplace celui que vous venez de perdre ; vous restez chez moi ; j'ai donné l'ordre qu'on préparât pour vous l'appartement de mon neveu, et j'ai envoyé l'abbé Tercier prévenir M. d'Herbelot de notre malheur. Mon cher Édouard, je ne vous donnerai pas de vulgaires consolations ; mais votre père était un chrétien, vous l'êtes vous-même ; un autre monde nous réunira tous. » Voyant que je pleurais, il me serra dans ses bras. « Mon pauvre enfant, dit-il, je veux vous consoler, et j'aurais besoin de l'être moi-même ! » Nous retombâmes dans le silence ; j'aurais voulu remercier M. le maréchal d'Olonne, et je ne pouvais que verser des larmes. Au milieu de ma douleur, je ne sais quel sentiment doux se glissait pourtant dans mon âme ; les pleurs que je voyais répandre à Mme de Nevers étaient déjà une consolation : je me la reprochais, mais sans pouvoir m'y soustraire.

Dès que je fus seul dans ma chambre, je me jetai à genoux ; je priai pour mon père, ou plutôt je priai mon père. Hélas ! il avait fourni sa longue carrière de vertu, et je commençais la mienne en ne voyant devant moi que des orages. Je fuyais ses sages conseils quand il vivait, me disais-je, et que deviendrai-je maintenant que je n'ai plus que moi-même pour guide et pour juge de mes actions ? Je lui cachais les folies de mon cœur ; mais il était là pour me sauver ; il était ma force, ma raison, ma persévérance ; j'ai tout perdu avec lui. Que ferai-je dans le monde sans son appui, sans le respect qu'il inspirait ? Je ne suis rien, je n'étais quelque chose que par lui ; il a disparu, et je reste seul comme une branche détachée de l'arbre et emportée par les vents. Mes larmes recommencèrent ; je repassai les souvenirs de mon enfance ; je pleurai de nouveau ma mère, car toutes les douleurs se tiennent, et la dernière réveille toutes les autres ! Plongé dans mes tristes pensées, je restai longtemps immobile, et dans l'espèce d'abattement qui suit les grandes douleurs ; il me semblait que j'avais perdu la faculté de penser et de sentir ; enfin, je levai les yeux par hasard, et j'aperçus un portrait de Mme de Nevers ; indigne fils ! en le contemplant je perdis un instant le souvenir de mon père ! Qu'était-elle donc pour moi ? Quoi ! déjà, son seul souvenir suspendait dans mon cœur la plus amère de toutes les peines ! Mon ami, ce sera un sujet éternel de remords pour moi que cette faute dont je vous fais l'aveu ; non, je n'ai point assez senti la douleur de la mort de mon père ! Je mesurais toute l'étendue de la perte que j'avais faite ; je pleurais son exemple, ses vertus ; son souvenir déchirait mon cœur, et j'aurais donné mille fois ma vie pour racheter quelques jours de la sienne ; mais quand je voyais Mme de Nevers, je ne pouvais pas m'empêcher d'être heureux.

Mon père témoignait par son testament le désir de reposer près de ma mère. Je me décidai à le conduire moi-même à Lyon. L'accomplissement de ce devoir soulageait un peu mon cœur. Quitter Mme de Nevers me semblait une expiation du bonheur que je trouvais près d'elle malgré moi. Mon père me recommandait aussi de terminer des affaires relatives à la tutelle des enfants d'un de ses amis ; je voulais lui obéir ; je me disais que je reviendrais bientôt, que j'habiterai sous le même toit que Mme de Nevers, que je la verrais à toute heure ; et mon coupable cœur battait de joie à de telles pensées !

La veille de mon départ, M. le maréchal d'Olonne alla passer la journée à Versailles ; je dînai seul avec Mme de Nevers et l'abbé Tercier. Cet abbé demeurait à l'hôtel d'Olonne depuis cinquante ans ; il avait été attaché à l'éducation du maréchal, et la protection de cette famille lui avait valu un bénéfice et de l'aisance. Il faisait les fonctions de chapelain, et était un meuble aussi fidèle du salon de l'hôtel d'Olonne que les fauteuils et ottomanes de tapisseries des Gobelins qui le décoraient. Un attachement si long de la part de cet abbé avait tellement lié sa vie à l'existence de la maison d'Olonne, qu'il n'avait d'intérêt, de gloire, de succès et de plaisirs que les siens ; mais c'était dans la mesure d'un esprit fort calme, et d'une imagination tempérée par cinquante ans de dépendance. Il avait un caractère fort facile : il était toujours prêt à jouer aux échecs, ou au trictrac, ou à dévider les écheveaux de soie de Mme de Nevers ; et pourvu qu'il eût bien dîné, il ne cherchait querelle à personne. La veille donc du jour où je devais partir, voyant que Mme de Nevers ne voulait faire usage d'aucun de ses petits talents, l'abbé s'établit après dîner dans une grande bergère auprès du feu, et s'endormit bientôt profondément. Je restai ainsi presque tête à tête avec celle qui m'était déjà si chère. J'aurais dû être heureux, et cependant un embarras indéfinissable vint me saisir, quand je me vis ainsi seul avec elle. Je baissai les yeux, et je restai dans le silence. Ce fut elle qui le rompit. « À quelle heure partez-vous demain ? me demanda-t-elle. — À cinq heures, répondis-je ; si je commençais ici la journée, je ne saurais plus comment partir. — Et quand reviendrez-vous ? dit-elle encore. — Il faut que j'exécute les volontés de mon père, répondis-je ; mais je crois que cela ne peut durer plus de quinze jours, et ces jours seront si longs que le temps ne me manquera pas pour les affaires. — Irez-vous en Forez ? demanda-t-elle. — Je le crois ; je compte revenir par là, mais sans m'y arrêter. — Ne désirez-vous donc pas revoir ce lieu ? me dit-elle ; on aime tant ceux où l'on a passé son enfance ! — Je ne sais ce qui m'est arrivé, lui dis-je, mais il semble que je n'ai plus de souvenirs. — Tâchez de les retrouver pour moi, dit-elle. Ne voulez-vous pas me raconter l'histoire de votre enfance et de votre jeunesse ? À présent que vous êtes le fils de mon père, je ne dois plus rien ignorer de vous. — J'ai tout oublié, lui dis-je ; il me semble que je n'ai commencé à vivre que depuis deux mois. » Elle se tut un instant ; puis elle me demanda si le monde avait donc si vite effacé le passé de ma mémoire. « Ah ! m'écriai-je, ce n'est pas le monde ! » Elle continua : « Je ne suis pas comme vous, dit-elle ; j'ai été élevée jusqu'à l'âge de sept ans chez ma grand-mère, à Faverange, dans un vieux château, au fond du Limousin, et je me le rapelle jusque dans ses moindres détails, quoique je fusse si jeune : je vois encore la vieille futaie de châtaigniers, et ces grandes salles gothiques boisées de chêne et ornées de trophées d'armes, comme au temps de la chevalerie. Je trouve qu'on aime les lieux comme des amis, et que leur souvenir se rattache à toutes les impressions qu'on a reçues. — Je croyais cela autrefois, lui répondis-je ; maintenant je ne sais plus ce que je crois, ni ce que je suis. » Elle rougit, puis elle me dit : « Cherchez dans votre mémoire, peut-être trouverez-vous les faits, si vous avez oublié les sentiments qu'ils excitaient dans votre âme. Si vous voulez que je pense quelquefois à vous quand vous serez parti, il faut bien que je sache où vous prendre, et que je n'ignore pas comme à présent tout le passé de votre vie. »

J'essayai de lui raconter mon enfance, et tout ce que contient le commencement de ce cahier ; elle m'écoutait avec attention, et je vis une larme dans ses yeux, quand je lui dis quelle révolution avait produite en moi l'accident de ce pauvre enfant dont j'avais sauvé la vie. Je m'aperçus que mes souvenirs n'étaient pas si effacés que je le croyais, et près d'elle je trouvais mille impressions nouvelles d'objets qui jusqu'alors m'avaient été indifférents. Les rêveries de ma jeunesse étaient comme expliquées par le sentiment nouveau que j'éprouvais, et la forme et la vie étaient données à tous ces vagues fantômes de mon imagination.

L'abbé se réveilla comme je finissais le récit des premiers jours de ma jeunesse. Un moment après, M. le maréchal d'Olonne arriva. Mme de Nevers et lui me dirent adieu avec bonté. Il me recommanda de hâter tant que je le pourrais la fin de mes affaires, et me dit que, pendant mon absence, il s'occuperait de moi. Je ne lui demandai pas d'explication. Mme de Nevers ne me dit rien ; elle me regarda, et je cru lire un peu d'intérêt dans ses yeux ; mais que je regrettais la fin de notre conversation ! Cependant j'étais content de moi ; je ne lui ai rien dit, pensais-je, et elle ne peut m'avoir deviné. C'est ainsi que je rassurais mon cœur. L'idée que Mme de Nevers pourrait soupçonner ma passion me glaçait de crainte, et tout mon bonheur à venir me semblait dépendre du secret que je garderais sur mes sentiments.

J'accomplis le triste devoir que je m'étais imposé, et pendant le voyage je fus un peu moins tourmenté du souvenir de Mme de Nevers. L'image de mon père mort effaçait toutes les autres : l'amour mêle souvent l'idée de la mort à celle du bonheur ; mais ce n'est pas la mort dans l'appareil funèbre dont j'étais environné, c'est l'idée de l'éternité, de l'infini, d'une éternelle réunion, que l'amour cherche dans la mort ; il recule devant un cercueil solitaire.

À Lyon, je retrouvai les bords du Rhône et mes rêveries, et Mme de Nevers régna dans mon cœur plus que jamais. J'étais loin d'elle, je ne risquais pas de me trahir, et je n'opposai aucune résistance à la passion qui venait de nouveau s'emparer de toute mon âme. Cette passion prit la teinte de mon caractère. Livré à mon unique pensée, absorbé par un seul souvenir, je vivais encore une fois dans un monde créé par moi-même, et bien différent du véritable ; je voyais Mme de Nevers, j'entendais sa voix, son regard me faisait tressaillir ; je respirais le parfum de ses beaux cheveux. Ému, attendri, je versais des larmes de plaisir pour des joies imaginaires. Assis sur une pierre au coin d'un bois, ou seul dans ma chambre, je consumais ainsi des jours inutiles. Incapable d'aucune étude et d'aucune affaire, c'était l'occupation qui me dérangeait ; et malgré que je susse bien que mon retour à Paris dépendait de la fin de mes affaires, je ne pouvais prendre sur moi d'en terminer aucune. Je remettais tout au lendemain ; je demandais grâce pour les heures, et les heures étaient toutes données à ce délice ineffable de penser sans contrainte à ce que j'aimais. Quelquefois on entrait dans ma chambre, et on s'étonnait de me voir impatient et contrarié comme si l'on m'eût interrompu. En apparence, je ne faisais rien ; mais en réalité, j'étais occupé de la seule chose qui m'intéressât dans la vie. Deux mois se passèrent ainsi. Enfin, les affaires dont mon père m'avait chargé finirent, et je fus libre de quitter Lyon. C'est avec ravissement que je me retrouvai à l'hôtel d'Olonne, mais cette joie ne fut pas de longue durée. J'appris que Mme de Nevers partait dans deux jours pour aller voir à La Haye son amie Mme de C. Je ne pus dissimuler ma tristesse, et quelquefois je crus remarquer que Mme de Nevers aussi était triste ; mais elle ne me parlait presque pas, ses manières étaient sérieuses ; je la trouvais froide, je ne la reconnaissais plus, et ne pouvant deviner la cause de ce changement, j'en étais au désespoir.

Après son départ, je restai livré à une profonde tristesse. Mes rêveries n'étaient plus comme à Lyon mon occupation chérie ; je sortais, je cherchais le monde pour y échapper. L'idée que j'avais déplu à Mme de Nevers, et l'impossibilité de deviner comment j'étais coupable, faisaient de mes pensées un tourment continuel. M. le maréchal d'Olonne attribuait à la mort de mon père l'abattement où il me voyait plongé. « Notre malheur a fait une cruelle impression sur Natalie, me dit un jour M. le maréchal d'Olonne ; elle ne s'en est point remise ; elle n'a pas cessé d'être triste et souffrante depuis ce temps-là. Le voyage, j'espère, lui fera du bien : la Hollande est charmante au printemps, Mme de C. la promènera, et des objets nouveaux la distrairont.

Ce peu de mots de M. le maréchal d'Olonne me jeta dans une nouvelle anxiété. Quoi ! c'était depuis la mort de mon père que Mme de Nevers était triste ! Mais qu'était-il arrivé ? qu'avais-je fait ? Elle était changée pour moi. Voilà ce dont j'étais trop sûr, et ce qui me désespérait.

M. le maréchal d'Olonne, avec sa bonté accoutumée, s'occupait de me distraire. Il voulait que j'allasse au spectacle, et que je visse tout ce qu'il croyait digne d'intérêt ou de curiosité. Il me questionnait sur ce que j'avais vu, causait avec moi comme l'aurait fait mon père ; et pour m'encourager à la confiance, il me disait que ces conversations l'amusaient, et que mes impressions rajeunissaient les siennes. M. le maréchal d'Olonne, quoiqu'il ne fût point ministre, avait cependant beaucoup d'affaires. Ami intime du duc d'A., il passait pour avoir plus de crédit qu'en réalité il ne s'était soucié d'en acquérir ; mais les grandes places qu'il occupait lui donnaient le pouvoir de rendre d'importants services. Toute la Guyenne, dont il était gouverneur, affluait chez lui. Pendant la plus grande partie de la matinée, il recevait beaucoup de monde. Quatre fois par semaine il s'occupait de sa correspondance qui était fort étendue : il avait deux secrétaires qui travaillaient dans un de ses cabinets ; mais il me demandait souvent de rester dans celui où il écrivait lui-même. Il me parlait des affaires qui l'occupaient avec une entière confiance. Il me faisait quelquefois écrire un mémoire sur une chose secrète, ou des notes relatives aux affaires qu'il m'avait confiées, et dont il ne voulait pas' que personne eût connaissance. J'aurais été bien ingrat, si je n'eusse été touché et flatté d'une telle préférence. Je devais à mon père les bontés de M. le maréchal d'Olonne ; mais ce n'était pas une raison pour en être moins reconnaissant. Je cherchais à me montrer digne de la confiance dont je recevais tant de marques, et M. le maréchal d'Olonne me disait quelquefois, avec un accent qui me rappelait mon père, qu'il était content de moi.

Il est singulièrement doux de se sentir à son aise avec des personnes qui vous sont supérieures. On n'y est point, si l'on éprouve le sentiment de son infériorité ; on n'y est pas non plus en apercevant qu'on l'a perdu : mais on y est, si elles vous le font oublier. M. le maréchal d'Olonne possédait ce don touchant de la bienveillance et de la bonté. Il inspirait toujours la vénération, et jamais la crainte. Il avait cette sorte de sécurité sur ce qui nous est dû qui permet une indulgence sans bornes. Il savait bien qu'on n'en abuserait pas, et que le respect pour lui était un sentiment auquel on n'avait jamais besoin de penser. Je sentais mon attachement pour lui croître chaque jour, et il paraissait touché du dévouement que je lui montrais.

J'allais quelquefois chez mon oncle M. d'Herbelot, et j'y retrouvais la même gaieté, le même mouvement qui m'avaient tant déplu à mon arrivée à Paris. Mon oncle ne concevait pas que je fusse heureux dans cet intérieur grave de la famille de M. le maréchal d'Olonne ; et moi, je comparais intérieurement ces deux maisons tellement différentes l'une de l'autre. Quelque chose de bruyant, de joyeux, faisait de la vie chez M. d'Herbelot comme un étourdissement perpétuel. Là, on ne vivait que pour s'amuser, et une journée qui n'était pas remplie par le plaisir paraissait vide ; là, on s'inquiétait des distractions du jour autant que de ses nécessités, comme si l'on eût craint que le temps qu'on n'occupait pas de cette manière ne se fût pas écoulé tout seul. Une troupe de complaisants, de commensaux, remplissaient le salon de M. d'Herbelot, et paraissaient partager tous ses goûts : ils exerçaient sur lui un empire auquel je ne pouvais m'habituer ; c'était comme un appui que cherchait sa faiblesse. On aurait dit qu'il n'était jamais sûr de rien sur sa propre foi ; il lui fallait le témoignage des autres. Toutes les phrases de M. d'Herbelot commençaient par ces mots : Luceval et Bertheney trouvent, Luceval et Bertheney disent ; et Luceval et Bertheney précipitaient mon oncle dans toutes les folies et les ridicules d'un luxe ruineux, et d'une vie pleine de désordres et d'erreurs. Dans cette maison, toutes les frivolités étaient traitées sérieusement, et toutes les choses sérieuses l'étaient avec légèreté. Il semblait qu'on voulût jouir à tout moment de cette fortune récente, et de tous les plaisirs qu'elle peut donner, comme un avare touche son trésor pour s'assurer qu'il est là.

Chez M. le maréchal d'Olonne, au contraire, cette possession des honneurs et de la fortune était si ancienne qu'il n'y pensait plus. Il n'était jamais occupé d'en jouir ; mais il l'était souvent de remplir les obligations qu'elle impose. Des assidus, des commensaux, remplissaient aussi très souvent le salon de l'hôtel d'Olonne ; mais c'étaient des parents pauvres, un neveu officier de marine venant à Paris demander le prix de ses services ; c'était un vieux militaire couvert de blessures et réclamant la croix de Saint-Louis ; c'étaient d'anciens aides de camp du maréchal ; c'était un voisin de ses terres ; c'était, hélas ! le fils d'un ancien ami. Il y avait une bonne raison à donner pour la présence de chacun d'eux. On pouvait dire pourquoi ils étaient là ; et il y avait une sorte de paternité dans cette protection bienveillante autour de laquelle ils venaient tous se ranger.

Les hommes distingués par l'esprit et le talent étaient tous accueillis chez M. le maréchal d'Olonne, et ils y valaient tout ce qu'ils pouvaient valoir ; car le bon goût qui régnait dans cette maison gagnait même ceux à qui il n'aurait pas été naturel : mais il faut pour cela que le maître en soit le modèle, et c'est ce qu'était M. le maréchal d'Olonne.

Je ne crois pas que le bon goût soit une chose si superficielle qu'on le pense en général ; tant de chose concourent à le former ; la délicatesse de l'esprit, celle des sentiments ; l'habitude des convenances, un certain tact qui donne la mesure de tout sans avoir besoin d'y penser ; et il y a aussi des choses de position dans le goût et le ton qui excercent un tel empire ; il faut une grande naissance, une grande fortune ; de l'élégance, de la magnificence dans les habitudes de la vie : il faut enfin être supérieur à sa situation par son âme et ses sentiments ; car on n'est à son aise dans les prospérités de la vie que quand on s'est placé plus haut qu'elles. M. le maréchal d'Olonne et Mme de Nevers pouvaient être atteints par le malheur sans être abaissés par lui ; car l'âme du moins ne déchoit point, et son rang est invariable.

On attendait Mme de Nevers de jour en jour, et mon cœur palpitait de joie en pensant que j'allais la revoir. Loin d'elle, je ne pouvais croire longtemps que je l'eusse offensée ; je sentais que je l'aimais avec tant de désintéressement ; j'avais tellement la conscience que j'aurais donné ma vie pour lui épargner un moment de peine, que je finissais par ne plus croire qu'elle fût mécontente de moi, à force d'être assuré qu'elle n'avait pas le droit de l'être ; mais son retour me détrompa cruellement !

Dès le même soir, je lui trouvai l'air sérieux et glacé qui m'avait tant affligé : à peine me parla-t-elle, et mes yeux ne purent jamais rencontrer les siens. Bientôt il parut que sa manière de vivre même était changée ; elle sortait souvent, et, quand elle restait à l'hôtel d'Olonne, elle y avait toujours beaucoup de monde ; elle était depuis quinze jours à Paris, et je n'avais encore pu me trouver un instant seul avec elle. Un soir après souper on se mit au jeu ; Mme de Nevers resta à causer avec une femme qui ne jouait point. Cette femme, au bout d'un quart d'heure, se leva pour s'en aller, et je me sentis tout ému en pensant que j'allais rester tête à tête avec Mme de Nevers. Après avoir reconduit Mme de R., Mme de Nevers fit quelques pas de mon côté ; mais se retournant brusquement, elle se dirigea vers l'autre extrémité du salon, et alla s'asseoir auprès de M. le maréchal d'Olonne, qui jouait au whist, et dont elle se mit à regarder le jeu. Je fus désespéré. Elle me méprise ! pensais-je ; elle me dédaigne ! Qu'est devenue cette bonté touchante qu'elle montra lorsque je perdis mon père ? C'était donc seulement au prix de la plus amère des douleurs que je devais sentir la plus douce de toutes les joies ; elle pleurait avec moi alors ; à présent elle déchire mon cœur, et ne s'en aperçoit même pas. Je pensai pour la première fois qu'elle avait peut-être pénétré mes sentiments, et qu'elle en était blessée. Mais pourquoi le serait-elle ? me disais-je. C'est un culte que je lui rends dans le secret de mon cœur ; je ne prétends à rien, je n'espère rien ; l'adorer c'est ma vie : comment pourrais-je m'empêcher de vivre ? J'oubliais que j'avais mortellement redouté qu'elle ne découvrît ma passion, et j'étais si désespéré, que je crois qu'en ce moment je la lui aurais avouée moi-même pour la faire sortir, fût-ce par la colère, de cette froideur et de cette indifférence qui me mettaient au désespoir.

Si j'étais le prince d'Enrichemont, ou le duc de L., me disais-je, j'oserais m'approcher d'elle ; je la forcerais à s'occuper de moi ; mais dans ma position je dois l'attendre, et puisqu'elle m'oublie je veux partir. Oui, je la fuirai, je quitterai cette maison ; mon père y apportait trente ans de considération, et une célébrité qui le faisait rechercher de tout le monde ; moi je suis un être obscur, isolé, je n'ai aucun droit par moi-même, et je ne veux pas des bontés qu'on accorde au souvenir d'un autre, même de mon père. Personne aujourd'hui ne s'intéresse à moi ; je suis libre, je la fuirai, j'irai au bout du monde avec son souvenir ; le souvenir de ce qu'elle était il y a six mois ! Livré à ces pensées douloureuses, je me rappelais les rêveries de ma jeunesse, de ce temps où je n'étais l'inférieur de personne. Entouré de mes égaux, pensai-je, je n'avais pas besoin de soumettre mon instinct à l'examen de ma raison ; j'étais bien sûr de n'être pas *inconvenable*, ce mot créé pour désigner des torts qui n'en sont pas. Ah ! ce malaise affreux que j'éprouve, je ne le sentais pas avec mes pauvres parents ; mais je ne le sentais pas non plus il y a six mois, quand Mme de Nevers me regardait avec douceur, quand elle me faisait raconter ma vie, et qu'elle me disait que j'étais le fils de son père. Avec elle, je retrouverais tout ce qui me manque. Qu'ai-je donc fait ? en quoi l'ai-je offensée ?

Le jeu était fini ; M. le maréchal d'Olonne s'approcha de moi, et me dit : « Certainement, Édouard, vous n'êtes pas bien ; depuis quelques jours vous êtes fort changé, et ce soir vous avez l'air tout à fait malade. » Je l'assurai que je me portais bien, et je regardai Mme de Nevers ; elle venait de se retourner pour parler à quelqu'un. Si j'eusse pu croire qu'elle savait que je souffrais pour elle, j'aurais été moins malheureux. Les jours suivants, je crus remarquer un peu plus de bonté dans ses regards, un peu moins de sérieux dans ses manières ; mais elle sortait toujours presque tous les soirs, et, quand je la voyais partir à neuf heures, belle, parée, charmante, pour aller dans ces fêtes où je ne pouvais la suivre, j'éprouvais des tourments inexprimables ; je la voyais entourée, admirée ; je la voyais gaie, heureuse, paisible, et je dévorais en silence mon humiliation et ma douleur.

Il était question depuis quelque temps d'un grand bal chez M. le prince de L., et l'on vint tourmenter Mme de Nevers pour la mettre d'un quadrille russe, que la princesse voulait qu'on dansât chez elle, et où elle devait danser elle-même. Les costumes étaient élégants, et prêtaient fort à la magnificence ; on arrangea le quadrille ; il se composait de huit jeunes femmes toutes charmantes ; et d'autant de jeunes, parmi lesquels étaient le prince d'Enrichemont et le duc de L. Ce dernier fut le danseur de Mme de Nevers, au grand déplaisir du prince d'Enrichemont. Pendant quinze jours, ce quadrille devint l'unique occupation de l'hôtel d'Olonne ; Gardel venait le faire répéter tous les matins ; les ouvriers de tout genre employés pour le costume prenaient les ordres ; on assortissait des pierreries ; on choisissait des modèles ; on consultait des voyageurs pour s'assurer de la vérité des descriptions, et ne pas s'écarter du type national, qu'avant tout on voulait conserver. Je savais mauvais gré à Mme de Nevers de cette frivole occupation ; et cependant je ne pouvais me dissimuler que, si j'eusse été à la place du duc de L., je me serais trouvé le plus heureux des hommes. J'avais l'injustice de dire des mots piquants sur la légèreté en général, comme si ces mots eussent pu s'appliquer à Mme de Nevers ! Des sentiments indignes de moi, et que je n'ose rappeler, se glissaient dans mon cœur. Hélas ! il est bien difficile d'être juste dans un rang inférieur de la société ; et ce qui nous prime peut difficilement ne pas nous blesser. Mme de Nevers cependant n'était pas gaie, et elle se laissait entraîner à cette fête plutôt qu'elle n'y entraînait les autres. Elle dit une fois qu'elle était lasse de tous ces plaisirs ; mais pourtant le jour du quadrille arriva, et Mme de Nevers parut dans le salon à huit heures en costume, et accompagnée de deux ou trois personnes, qui allaient avec elle répéter encore une fois le quadrille chez la princesse avant le bal.

Jamais je n'avais vu Mme de Nevers plus ravissante qu'elle ne l'était ce soir-là. Cette coiffure de velours noir, brodée de diamants, ne couvrait qu'à demi ses beaux che-

veux blonds ; un grand voile brodé d'or et très léger surmontait cette coiffure, et tombait avec grâce sur son cou
et sur ses épaules, qui n'étaient cachées que par lui ; un
corset de soie rouge boutonné, et aussi orné de diamants,
dessinait sa jolie taille ; ses manches blanches étaient rete-
nues par des bracelets de pierreries, et sa jupe courte laissait voir un pied charmant, à peine pressé dans une petite
chaussure en brodequin, de soie aussi, et lacée d'or ; enfin,
rien ne peut peindre la grâce de Mme de Nevers dans cet
habit étranger, qui semblait fait exprès pour le caractère
de sa figure et la proportion de sa taille. Je me sentis troublé en la voyant ; une palpitation me saisit ; je fus obligé
de m'appuyer contre une chaise ; je crois qu'elle le remarqua. Elle me regarda avec douceur. Depuis si longtemps
je cherchais ce regard, qu'il ne fit qu'ajouter à mon émotion. « N'allez-vous pas au spectacle ? me demanda-t-elle.
— Non, lui dis-je, ma soirée est finie. — Mais cependant,
reprit-elle, il n'est pas encore huit heures ? — N'allez-vous
pas sortir ! » répondis-je. Elle soupira ; puis me regardant
tristement : « J'aimerais mieux rester », dit-elle. On l'appela,
elle partit. Mais, grand Dieu ! quel changement s'était fait
autour de moi ! J'aimerais mieux rester ! Ces mots si simples avaient bouleversé toute mon âme ! J'aimerais mieux
rester ! Elle me l'avait dit, je l'avais entendu ; elle avait
soupiré, et son regard disait plus encore ! Elle aimerait
mieux rester ! rester pour moi ! ô ciel ! cette idée contenait trop de bonheur ; je ne pouvais la soutenir ; je m'enfuis
dans la bibliothèque ; je tombai sur une chaise. Quelques
larmes soulagèrent mon cœur. Rester pour moi ! répétai-
je ; j'entendis sa voix, son soupir, je voyais son regard, il
pénétrait mon âme, et je ne pouvais suffire à tout ce que
j'éprouvais à la fois de sensations délicieuses. Ah ! qu'elles
étaient loin les humiliations de mon amour propre ! que
tout cela me paraissait en ce moment petit et misérable !

Je ne concevais pas que j'eusse jamais été malheureux. Quoi ! elle aurait pitié de moi ! Je n'osais dire : Quoi ! elle m'aimerait ! Je doutais, je voulais douter ! mon cœur n'avait pas la force de soutenir cette joie ! Je la tempérais, comme on ferme les yeux à l'éclat d'un beau soleil ; je ne pouvais la supporter tout entière. Mme de Nevers se tenait souvent le matin dans cette bibliothèque où je m'étais réfugié. Je trouvai sur la table un de ses gants ; je le saisis avec transport ; je le couvris de baisers ; je l'inondai de larmes. Mais bientôt je m'indignai contre moi-même d'oser profaner son image par mes coupables pensées ; je lui demandais pardon de la trop aimer. Qu'elle me permette seulement de souffrir pour elle ! me disais-je ; je sais bien que je ne puis prétendre au bonheur. Mais est-il donc possible que ce qu'elle m'a dit ait le sens que mon cœur veut lui prêter ! Peut-être que, si elle fût restée un instant de plus, elle aurait tout démenti. C'est ainsi que le doute rentrait dans mon âme avec ma raison ; mais bientôt cet accent si doux se faisait entendre de nouveau au fond de moi-même. Je le retenais, je craignais qu'il ne s'échappât : il était ma seule espérance, mon seul bonheur ; je le conservais comme une mère serre son enfant dans ses bras !

Ma nuit entière se passa sans sommeil ; j'aurais été bien fâché de dormir, et de perdre ainsi le sentiment de mon bonheur. Le lendemain, M. le maréchal d'Olonne me fit demander dans son cabinet ; je commençai alors à penser qu'il fallait cacher ce bonheur, qu'il me semblait que tout le monde allait deviner : mais je ne pus surmonter mon invincible distraction. Je n'eus pas besoin longtemps de dissimuler pour avoir l'air triste ; je revis à dîner Mme de Nevers, elle évita mes regards, ne me parla point, sortit de bonne heure, et me laissa au désespoir. Cependant sa sévérité s'adoucit un peu les jours suivants, et je crus voir qu'elle n'était pas insensible à la peine qu'elle me causait. Je ne pouvais presque pas douter qu'elle ne m'eût deviné ; si j'eusse été sûr de sa pitié, je n'aurais pas été malheureux.

Je n'avais jamais vu danser Mme de Nevers, et j'avais un violent désir de la voir, sans en être vu, à une de ces fêtes où je me la représentais si brillante. On pouvait aller à ces grands bals comme spectateur ; cela s'appelait aller *en beyeux*. On était dans des tribunes, ou sur des gradins, séparés du reste de la société ; on y trouvait en général des personnes d'un rang inférieur, et qui ne pouvaient aller à la cour. J'étais blessé d'aller là ; et la pensée de Mme de Nevers pouvait seule l'emporter sur la répugnance que j'avais d'exposer ainsi à tous les yeux l'infériorité de ma position. Je ne prétendais à rien, et cependant, me montrer ainsi à côté de mes égaux m'était pénible. Je me dis qu'en allant de bonne heure, je me cacherais dans la partie du gradin où je serais le moins en vue, et que dans la foule on ne me remarquerait peut-être pas. Enfin, le désir de voir Mme de Nevers l'emporta sur tout le reste, et je pris un billet pour une fête que donnait l'ambassadeur d'Angleterre, et où la reine devait aller. Je me plaçai en effet sur des gradins qu'on avait construits dans l'embrasure des fenêtres d'un immense salon ; j'avais à côté de moi un rideau, derrière lequel je pouvais me cacher, et j'attendis là Mme de Nevers, non sans un sentiment pénible, car tout ce que j'avais prévu arriva, et je ne fus pas plus tôt sur ce gradin que le désespoir me prit d'y être. Le langage que j'entendis autour de moi blessait mon oreille. Quelque chose de commun, de vulgaire dans les remarques, me choquait et m'humiliait, comme si j'en eusse été responsable. Cette société momentanée où je me trouvais avec mes égaux m'apprenait combien je m'étais placé loin d'eux. Je m'irritais aussi de ce que je trouvais en moi cette petitesse de caractère qui me rendait si sensible à leurs ridicules. Le vrai mérite dépend-il donc des manières ! me disais-je. Qu'il est indigne à moi de désavouer ainsi au fond de mon âme le rang où je suis placé, et que je tiens de mon père ! N'est-il pas honorable ce rang ? qu'ai-je donc à envier ? Mme de Nevers entrait en ce moment. Qu'elle était belle et charmante ! Ah ! pensai-je, voilà ce que j'envie ; ce n'est pas le rang pour le rang, c'est qu'il me ferait son égal. Ô mon Dieu ! huit jours seulement d'un tel bonheur, et puis la mort. Elle s'avança, et elle allait passer près du gradin sans me voir, lorsque le duc de L. me découvrit au fond de mon rideau, et m'appela en riant. Je descendis au bord du gradin, car je ne voulais pas avoir l'air honteux d'être là. Mme de Nevers s'arrêta, et me dit : « Comment ! vous êtes ici ? — Oui, lui répondis-je, je n'ai pu résister au désir de vous voir danser ; j'en suis puni, car j'espérais que vous ne me verriez pas. » Elle s'assit sur la banquette qui était devant le gradin, et je continuai à causer avec elle. Nous n'étions séparés que par la barrière qui isolait les spectateurs de la société : triste emblème de celle qui nous séparait pour toujours ! L'ambassadeur vint parler à Mme de Nevers, et lui demanda qui j'étais. « C'est le fils de M. G., avec lequel je me rappelle que vous avez dîné chez mon père, il y a environ un an, lui répondit-elle. — Je n'ai jamais rencontré un homme d'un esprit plus distingué », dit l'ambassadeur. Et s'adressant à moi : « Je fais un reproche à Mme de Nevers, dit-il, de ne m'avoir pas procuré le plaisir de vous inviter plus tôt : quittez, je vous prie, cette mauvaise banquette, et venez avec nous. » Je fis le tour du gradin, et l'ambassadeur continuant : « La profession d'avocat est une des plus honorées en Angleterre, dit-il ; elle mène à tout. Le grand chancelier actuel, lord D., a commencé par être un simple avocat, et il est aujourd'hui au premier rang dans notre pays. Le fils de lord D. a épousé une personne que vous connaissez, madame, ajouta l'ambassadeur en s'adressant à Mme de Nevers ; c'est lady Sarah Benmore, la fille aînée du duc de Sunderland. Vous

souvenez-vous que nous trouvions qu'elle vous ressemblait ? »
L'ambassadeur s'éloigna. « Comme vous êtes pâle ! qu'avez-
vous ? me dit Mme de Nevers. — Je l'emmène, dit le duc
de L. sans l'entendre ; je veux lui montrer le bal, et d'ailleurs vous allez danser. » Le prince d'Enrichemont vint chercher Mme de Nevers, et j'allai avec le duc de L. dans la
galerie, où la foule s'était portée, parce que la reine y était.
Le duc de L., toujours d'un bon naturel, était charmé de
me voir au bal ; il me nommait tout le monde, et se moquait
de la moitié de ceux qu'il me nommait. J'étais inquiet, mal
à l'aise ; l'idée qu'on pouvait s'étonner de me voir là m'ôtait
tout le plaisir d'y être. Le duc de L. s'arrêta pour parler
à quelqu'un ; je m'échappai, je retournai dans le salon où
dansait Mme de Nevers, et je m'assis sur la banquette qu'elle
venait de quitter. Ah ! ce n'est pas au bal que je pensais !
je croyais encore entendre toutes les paroles de l'ambassadeur ; que j'aimais ce pays où toutes les carrières étaient
ouvertes au mérite ! où l'impossible ne s'élevait jamais devant
le talent ! où l'on ne disait jamais : Vous n'irez que jusque-
là ! Émulation, courage, persévérance, tout est détruit par
l'impossible, cet abîme qui sépare du but, et qui ne sera
jamais comblé ! Et ici l'autorité est nulle comme le talent ;
la puissance elle-même ne saurait franchir cet obstacle, et
cet obstacle, c'est ce nom révéré, ce nom sans tache, ce nom
de mon père dont j'ai la lâcheté de rougir ! Je m'indignai
contre moi-même, et, m'accusant de ce sentiment comme
d'un crime, je restai absorbé dans mille réflexions douloureuses. En levant les yeux, je vis Mme de Nevers auprès
de moi. « Vous étiez bien loin d'ici, me dit-elle. — Oui,
lui répondis-je, je veux aller en Angleterre, dans ce pays
où rien n'est impossible. — Ah ! dit-elle, j'étais bien sûre
que vous pensiez à cela ! Mais ne dansez-vous pas ? me
demanda-t-elle. — Je crains que cela ne soit inconvenable,
lui dis-je. — Pourquoi donc ? reprit-elle ; puisque vous êtes

invité, vous pouvez danser, et je ne vois pas ce qui vous en empêcherait. Et qui inviterez-vous ? ajouta-t-elle en souriant. — Je n'ose vous prier, lui dis-je ; je crains qu'on ne trouve déplacé que vous dansiez avec moi. — Encore ! s'écria-t-elle ; voilà réellement de l'humilité fastueuse. — Ah ! lui dis-je tristement, je vous prierais en Angleterre. » Elle rougit. « Il faut que je quitte le monde, ajoutai-je ; il n'est pas fait pour moi, j'y souffre, et je m'y sens de plus en plus isolé ; je veux suivre ma profession ; j'irai au Palais, personne là ne demandera pourquoi j'y suis ; je mettrai une robe noire, et je plaiderai des causes. Me confierez-vous vos procès ? lui demandai-je, je les gagnerai tous. — Je voudrais commencer par gagner celui-ci, me dit-elle. Ne voulez-vous donc pas danser avec moi ? » Je ne pus résister à la tentation ; je pris sa main, sa main que je n'avais jamais touchée ! et nous nous mîmes à une contredanse. Je ne tardai pas à me repentir de ma faiblesse ; il me semblait que tout le monde nous regardait. Je croyais lire l'étonnement sur les physionomies, et je passais du délice de la contempler, et d'être si près d'elle, de la tenir presque dans mes bras, à la douleur de penser qu'elle faisait peut-être pour moi une chose inconvenante, et qu'elle en serait blâmée. Comme la contredanse allait finir, M. le maréchal d'Olonne s'approcha de nous, et je vis son visage devenir sérieux et mécontent. Mme de Nevers lui dit quelques mots tout bas, et son expression habituelle de bonté revint sur-le-champ. Il me dit : « Je suis bien aise que l'ambassadeur vous ait prié, c'est aimable à lui. » Cela voulait dire : Il l'a fait pour m'obliger, et c'est par grâce que vous êtes ici. C'est ainsi que tout me blessait, et que, jusqu'à cette protection bienveillante, tout portait un germe de souffrance pour mon âme, et d'humiliation pour mon orgueil.

Je fus poursuivi pendant plusieurs jours après cette fête par les réflexions les plus pénibles, et je me promis de ne plus me montrer à un bal. L'infériorité de ma position m'était bien moins sensible dans l'intérieur de la maison de M. le maréchal d'Olonne, ou même au milieu de sa société intime, quoiqu'elle fût composée de grands seigneurs, ou d'hommes célèbres par leur esprit. Mais là du moins on pouvait valoir quelque chose par soi-même, tandis que dans la foule on n'est distingué que par le nom ou l'habit qu'on porte ; et y aller comme pour y étaler son infériorité me semblait insupportable, tout en ne pouvant m'empêcher de trouver que cette souffrance était une faiblesse. Je pensais à l'Angleterre. Que j'admirais ces institutions qui du moins relèvent l'infériorité par l'espérance ! Quoi ! me disais-je, ce qui est ici une folie sans excuse serait là le but de la plus noble émulation ; là je pourrais conquérir Mme de Nevers ! Sept lieues de distance séparent le bonheur et le désespoir. Qu'elle était bonne et généreuse à ce bal ! elle a voulu danser avec moi, pour me relever à mes propres yeux, pour me consoler de tout ce qu'elle sentait bien qui me blessait. Mais est-ce d'une femme ? est-ce de celle qu'on aime qu'on devrait recevoir protection et appui ? Dans ce monde factice tout est interverti, ou plutôt c'est ma passion pour elle qui change ainsi les rapports naturels ; elle n'aurait pas *rendu service* au prince d'Enrichemont en le priant à danser. Il prétendait à ce bonheur ; il avait droit d'y prétendre, et moi toutes mes prétentions sont déplacées, et mon amour pour elle est ridicule ! J'aurais mieux aimé la mort que cette pensée ; elle s'empara pourtant de moi au point que je mis à fuir Mme de Nevers autant d'empressement que j'en avais mis à la chercher ; mais c'était sans avoir le courage de me séparer d'elle tout à fait, en quittant comme je l'aurais dû peut-être la maison de M. le maréchal d'Olonne, et en suivant ma profession. Mme de Nevers par un mouvement opposé m'adressait plus souvent la parole, et cherchait à dissiper la tristesse où elle me voyait plongé ; elle sortait moins le soir ; je la voyais davantage, et peu à peu sa présence adoucissait l'amertume de mes sentiments.

Quelques jours après le bal de l'ambassadeur d'Angleterre, la conversation se mit sur les fêtes en général ; on parla de celles qui venaient d'avoir lieu, et l'on cita les plus magnifiques et les plus gaies. Gaies ! s'écria Mme de Nevers : je ne reconnais pas qu'aucune fête soit gaie ; j'ai toujours été frappée au contraire qu'on n'y voyait que des gens tristes, et qui semblaient fuir là quelque grande peine. « Qui se serait douté que Mme de Nevers ferait une telle remarque ? dit le duc de L. Quand on est jeune, belle, heureuse, comment voit-on autre chose que l'envie qu'on excite, et l'admiration qu'on inspire ? — Je ne vois rien de tout cela, dit-elle, et j'ai raison. Mais sérieusement, ne trouvez-vous pas comme moi que la foule est toujours triste ? Je suis persuadée que la dissipation est née du malheur ; le bonheur n'a pas cet air agité. — Nous interrogerons les assistants au premier bal, dit en riant le duc de L. — Ah ! reprit Mme de Nevers, si cela se pouvait, vous seriez peut-être bien étonné de leurs réponses ! — S'il y a au bal des malheureux, dit le duc de L., ce sont ceux que vous faites, madame. Voici le prince d'Enrichemont, je vais l'appeler, et invoquer son témoignage. » Le duc de L. se tirait toujours de la conversation par des plaisanteries : observer et raisonner était une espèce de fatigue dont il était incapable ; son esprit était comme son corps, et avait besoin de changer de place à tout moment. Je me demandai aussi pourquoi Mme de Nevers avait fait cette réflexion sur les fêtes, et pourquoi depuis six mois elle y avait passé sa vie. Je n'osais croire ce qui se présentait à mon esprit, j'aurais été trop heureux.

Les jours suivants, Mme de Nevers me parut triste, mais elle ne me fuyait pas. Un soir elle me dit : « Je sais que mon père s'est occupé de vous, et qu'il espère que vous serez placé avantageusement au ministère des Affaires étrangères ; cela vous donnera des moyens de vous distinguer prompts et sûrs, et cela vous mettra aussi dans un monde agréable. — Je tenais à la profession de mon père, lui dis-je, mais il me sera doux de laisser M. le maréchal d'Olonne et vous disposer de ma vie. »

Peu de jours après elle me dit : « La place est obtenue, mais mon père ne pourra pas longtemps vous y être utile. — Les bruits qu'on fait courir sur la disgrâce de M. le duc d'A. sont donc vrais ? lui demandai-je. — Ils sont trop vrais, me répondit-elle, et je crois que mon père la partagera. Suivant toute apparence, il sera exilé à Faverange au fond du Limousin, et je l'y accompagnerai. — Grand Dieu ! m'écriai-je, et c'est en ce moment que vous me parlez de place ? Vous me connaissez donc bien peu, si vous me croyez capable d'accepter une place pour servir vos ennemis ? Je n'ai qu'une place au monde, c'est à Faverange, et ma seule ambition c'est d'y être souffert. » Je la quittai en disant ces mots, et j'allai, encore tout ému, chez M. le maréchal d'Olonne lui dire tout ce que mon cœur m'inspirait. Il en fut touché. Il me dit qu'en effet le duc d'A. était disgracié, et que, sans avoir partagé ni sa faveur ni sa puissance, il partagerait sa disgrâce. « J'ai dû le soutenir dans une question où son honneur était compromis, dit-il ; je suis tranquille, j'ai fait mon devoir, et la vérité sera connue tôt ou tard. J'accepterai votre dévouement, mon cher Édouard, comme j'aurais accepté celui de votre père ; je vous laisserai ici pour quelques jours, vous terminerez des affaires importantes, que sans doute on ne me donnera pas le temps de finir. Restez avec moi, me dit-il, je veux mettre ordre au plus pressé, être prêt, et n'avoir rien à demander, pas même un délai. »

L'ordre d'exil arriva dans la soirée, et répandit la douleur et la consternation à l'hôtel d'Olonne. M. le maréchal d'Olonne, avec le plus grand calme, donna des ordres précis, et, en fixant une occupation à chacun, suspendit les plaintes inutiles.

Le duc de L., le prince d'Enrichemont, et les autres amis de la famille, accoururent à l'hôtel d'Olonne au premier bruit de cette disgrâce. M. le maréchal d'Olonne eut toutes les peines du monde à contenir le bouillant intérêt du duc de L., à enchaîner son zèle inconsidéré, et à tempérer la violence de ses discours. Le prince d'Enrichemont, au contraire, toujours dans une mesure parfaite, disait tout ce qu'il fallait dire, et je ne sais comment, en étant si convenable, il trouvait le moyen de me choquer à tout moment. Quelquefois en écoutant ces phrases si bien tournées, je regardais Mme de Nevers, et je voyais sur ses lèvres un léger sourire, qui me prouvait que le prince d'Enrichemont n'avait pas auprès d'elle plus de succès qu'auprès de moi. J'eus à cette époque un chagrin sensible. M. d'Herbelot se conduisit envers M. le maréchal d'Olonne de la manière la plus indélicate. Ils avaient eu à traiter ensemble une affaire relative au gouvernement de Guyenne, et après des contestations assez vives, mon oncle avait eu le dessous. Il restait quelques points en litige ; mon oncle crut le moment favorable pour le succès, il intrigua, et fit décider l'affaire en sa faveur. Je fus blessé au cœur de ce procédé.

Cependant les ballots, les paquets remplirent bientôt les vestibules et les cours de l'hôtel d'Olonne. Quelques chariots partirent en avant avec une partie de la maison, et M. le maréchal d'Olonne et Mme de Nevers quittèrent Paris le lendemain, ne voulant être accompagnés que de l'abbé Tercier. Tout Paris était venu dans la soirée à l'hôtel d'Olonne ; mais M. le maréchal d'Olonne n'avait reçu que ses amis. Il dédaignait cette insulte au pouvoir dont les exemples étaient alors si communs. Il trouvait plus de dignité dans un respectueux silence. Je l'imitè ; mais je ne doute pas qu'à cette époque vous n'ayez entendu parler de l'exil de M. le maréchal d'Olonne comme d'une grande injustice, et d'un abus de pouvoir, fondé sur la plus étrange erreur.

Les affaires de M. le maréchal d'Olonne me retinrent huit jours à Paris. Je partis enfin pour Faverange, et mon cœur battit de joie en songeant que j'allais me trouver presque seul avec celle que j'adorais. Joie coupable ! indigne personnalité ! J'en ai été cruellement puni, et cependant le souvenir de ces jours orageux que j'ai passés près d'elle sont encore la consolation et le seul soutien de ma vie.

J'arrivai à Faverange dans les premiers jours de mai. Le maréchal d'Olonne se méprit à la joie si vive que je montrai en le revoyant ; il m'en sut gré, et je reçus ses éloges avec embarras. S'il eût pu lire au fond de mon cœur, combien je lui aurais paru coupable ! Lorsque j'y réfléchis, je ne comprends pas que M. le maréchal d'Olonne n'eût point encore deviné mes sentiments secrets ; mais la vieillesse et la jeunesse manquent également de pénétration, l'une ne voit que ses espérances, et l'autre que ses souvenirs.

Faverange était ce vieux château où Mme de Nevers avait été élevée, et dont elle m'avait parlé une fois. Situé à quelques lieues d'Uzerche, sur un rocher, au bord de la Corrèze, sa position était ravissante. Un grand parc fort sauvage environnait le château ; la rivière qui baignait le pied des terrasses fermait le parc de trois côtés. Une forêt de vieux châtaigniers couvrait un espace considérable, et s'étendait depuis le sommet du coteau jusqu'au bord de la rivière. Ces arbres vénérables avaient donné leur ombre à plusieurs générations, on appelait ce lieu la Châtaigneraie. La rivière, les campagnes, les collines bleuâtres qui fermaient l'horizon, tout me plaisait dans cet aspect ; mais tout m'aurait plu dans la disposition actuelle de mon âme. La solitude, la vie que nous menions, l'air de paix, de contentement de Mme de Nevers, tout me jetait dans cet état si doux où le présent suffit, où l'on ne demande rien au passé ni à l'avenir, où l'on voudrait faire durer le temps, retenir l'heure qui s'échappe et le jour qui va finir.

M. le maréchal d'Olonne en arrivant à Faverange avait établi une régularité dans la manière de vivre qui laissait du temps pour tout. Il avait annoncé qu'il recevrait très peu de monde, et, avec le bon esprit qui lui était propre, il s'était créé des occupations qui avaient de l'intérêt parce qu'elles avaient un but utile. De grands défrichements, la construction d'une manufacture, celle d'un hospice, occupaient une partie de ses matinées ; d'autres heures étaient employées dans son cabinet à écrire des Mémoires sur quelques parties de sa vie plus consacrées aux affaires publiques. Le soir, tous réunis dans le salon, M. le maréchal d'Olonne animait l'entretien par ses souvenirs ou ses projets ; les gazettes, les lectures, fournissaient aussi à la conversation, et jamais un moment d'humeur ne trahissait les regrets de l'ambition dans le grand seigneur exilé, ni le dépit dans la victime d'une injustice. Cette simplicité, cette égalité d'âme n'étaient point un effort dans M. le maréchal d'Olonne. Il était si naturellement au-dessus de toutes les prospérités et de tous les revers de la fortune, qu'il ne lui en coûtait rien de les dédaigner, et si la faiblesse humaine, se glissant à son insu dans son cœur, y eût fait entrer un regret de la vanité, il l'aurait raconté naïvement, et s'en serait moqué le premier. Cette grande bonne foi d'un caractère élevé est un des spectacles les plus satisfaisants que l'homme puisse rencontrer ; il console et honore ceux mêmes qui ne sauraient y atteindre.

Je parlais un jour avec admiration à Mme de Nevers du caractère de son père. « Vous avez, me dit-elle, tout ce qu'il faut pour le comprendre ; le monde admire ce qui est bien, mais c'est souvent sans savoir pourquoi ; ce qui est doux, c'est de retrouver dans une autre âme tous les éléments de la sienne : et quoi qu'on fasse, dit-elle, ces âmes se rapprochent ; on veut en vain les séparer ! — Ne dites pas cela, lui répondis-je, je vous prouverais trop aisément le contraire. — Peut-être ce que vous me diriez fortifierait mon raisonnement, reprit-elle ; mais je ne veux pas le savoir. » Elle se rapprocha de l'abbé Tercier, qui était sa ressource pour ne pas rester seule avec moi.

Il était impossible qu'elle ne vît pas que je l'adorais ; quelquefois j'oubliais l'obstacle éternel qui nous séparait. Dans cette solitude, le bonheur était le plus fort. La voir, l'entendre, marcher près d'elle, sentir son bras s'appuyer sur le mien, c'étaient autant de délices auxquelles je m'abandonnais avec transport. Il faut avoir aimé pour savoir jusqu'où peut aller l'imprévoyance. Il semble que la vie soit concentrée dans un seul point, et que tout le reste ne se présente plus à l'esprit que comme des images effacées. C'est avec effort que l'on appelle sa pensée sur d'autres objets ; et dès que l'effort cesse, on rentre dans la nature de la passion, dans l'oubli de tout ce qui n'est pas elle.

Quelquefois je croyais que Mme de Nevers n'était pas insensible à un sentiment qui ressemblait si peu à ce qu'elle avait pu inspirer jusqu'alors ; mais, par la bizarrerie de ma situation, l'idée d'être aimé, qui aurait dû me combler de joie, me glaçait de crainte. Je ne mesurais qu'alors la distance qui nous séparait ; je ne sentais qu'alors de combien de manières il était impossible que je fusse heureux. Le remords aussi entrait dans mon âme avec l'idée qu'elle pouvait m'aimer. Jusqu'ici je l'avais adorée en secret, sans but, sans projets et sachant bien que cette passion ne pouvait me conduire qu'à ma perte ; mais enfin je n'étais responsable à personne du choix que je faisais pour moi-même. Mais si j'étais aimé d'elle, combien je devenais coupable ! Quoi ! je serais venu chez M. le maréchal d'Olonne, il m'aurait traité comme son fils, et je n'aurais usé de la confiance qui m'admettait chez lui que pour adorer sa fille, pour m'en faire aimer, pour la précipiter peut-être dans les tourments d'une passion sans espoir ! Cette trahison me paraissait indigne de moi, et l'idée d'être aimé qui m'enivrait ne pouvait pourtant m'aveugler au point de voir une excuse possible à une telle conduite ; mais là encore l'amour était le plus fort, il n'effaçait pas mes remords, mais il m'ôtait le temps d'y penser. D'ailleurs la certitude d'être aimé était bien loin de moi, et le temps s'écoulait comme il passe à vingt-trois ans, avec une passion qui vous possède entièrement.

Un soir la chaleur était étouffante ; on n'avait pu sortir de tout le jour ; le soleil venait de se coucher, et l'on avait ouvert les fenêtres pour obtenir un peu de fraîcheur. M. le maréchal d'Olonne, l'abbé, et deux hommes d'une petite ville voisine assez instruits, étaient engagés dans une conversation sur l'économie politique ; ils agitaient depuis une heure la question du commerce des grains, et cela faisait une de ces conversations pesantes où l'on parle longuement, où l'on suit un raisonnement, où les arguments s'enchaînent, et où l'attention de ceux qui écoutent est entièrement absorbée ; mais rien aussi n'est si favorable à la rêverie de ceux qui n'écoutent pas ; ils savent qu'ils ne seront pas interrompus, et qu'on est trop occupé pour songer à eux. Mme de Nevers s'était assise dans l'embrasure d'une des fenêtres pour respirer l'air frais du soir ; un grand jasmin qui tapissait le mur de ce côté du château montait dans la fenêtre, et s'entrelaçait dans le balcon. Debout, à deux pas derrière elle, je voyais son profil charmant se dessiner sur un ciel d'azur, encore doré par les derniers rayons du couchant ; l'air était rempli de ces petites particules brillantes qui nagent dans l'atmosphère à la fin d'un jour chaud de l'été ; les coteaux, la rivière, la forêt, étaient enveloppés d'une vapeur violette qui n'était plus le jour et qui n'était pas encore l'obscurité. Une vive émotion s'empara de mon cœur. De temps en temps un souffle d'air arrivait à moi ;

il m'apportait le parfum du jasmin, et ce souffle embaumé semblait s'exhaler de celle qui m'était si chère ! Je le respirais avec avidité. La paix de ces campagnes, l'heure, le silence, l'expression de ce doux visage, si fort en harmonie avec ce qui l'entourait, tout m'enivrait d'amour. Mais bientôt mille réflexions douloureuses se présentèrent à moi. Je l'adore, pensai-je, et je suis pour jamais séparé d'elle ! Elle est là ; je passe ma vie près d'elle, elle lit dans mon cœur, elle devine mes sentiments, elle les voit peut-être sans colère : eh bien ! jamais, jamais, nous ne serons rien l'un à l'autre ! La barrière qui nous sépare est insurmontable, je ne puis que l'adorer ; le mépris la poursuivrait dans mes bras ! et cependant nos cœurs sont créés l'un pour l'autre. Et n'est-ce pas là peut-être ce qu'elle a voulu dire l'autre jour ? Un mouvement irrésistible me rapprocha d'elle ; j'allai m'asseoir sur cette même fenêtre où elle était assise, et j'appuyai ma tête sur le balcon. Mon cœur était trop plein pour parler. « Édouard, me dit-elle, qu'avez-vous ? — Ne le savez-vous pas ? lui dis-je. » Elle fut un moment sans répondre ; puis elle me dit : « Il est vrai, je le sais ; mais si vous ne voulez pas m'affliger, ne soyez pas ainsi malheureux. Quand vous souffrez, je souffre avec vous ; ne le savez-vous pas aussi ? — Je devrais être heureux de ce que vous me dites, répondis-je, et cependant je ne le puis. — Quoi ! dit-elle, si nous passions notre vie comme nous avons passé ces deux mois, vous seriez malheureux ? » Je n'osai lui dire que oui ; je cueillis des fleurs de ces jasmins qui l'entouraient, et qu'on ne distinguait plus qu'à peine ; je les lui donnai, je les lui repris ; puis je les couvris de mes baisers et de mes larmes. Bientôt j'entendis qu'elle pleurait, et je fus au désespoir. « Si vous êtes malheureuse, lui dis-je, combien je suis coupable ! Dois-je donc vous fuir ? — Ah ! dit-elle, il est trop tard. » On apporta des lumières, je m'enfuis du salon ; je me trouvais si à plaindre, et pourtant j'étais si heureux, que mon âme était entièrement bouleversée.

Je sortis du château, mais sans pouvoir m'en éloigner ; j'errais sur les terrasses, je m'appuyais sur ces murs qui renfermaient Mme de Nevers, et je m'abandonnais à tous les transports de mon cœur. Être aimé, aimé d'elle ! elle me l'avait presque dit ; mais je ne pouvais le croire. Elle a pitié de moi, me disais-je, voilà tout ; mais n'est-ce pas assez pour être heureux ? Elle n'était plus à la fenêtre ; je vis des lumières dans une tour qui formait l'un des angles du château. Cette lumière venait d'un cabinet d'étude qui dépendait de l'appartement de Mme de Nevers. Un escalier tournant, pratiqué dans une tourelle, conduisait de la terrasse à ce cabinet. La porte était ouverte, je m'en rapprochai involontairement ; mais à peine eus-je franchi les premières marches que je m'arrêtai tout à coup. Que vais-je faire ? pensai-je ; lui déplaire peut-être, l'irriter ! Je m'assis sur les marches ; mais bientôt, entraîné par ma faiblesse, je montai plus haut. Je n'entrerai pas, me disais-je ; je resterai à la porte, je l'entendrai seulement, et je me sentirai près d'elle. Je m'assis sur la dernière marche, à l'entrée d'une petite pièce qui précédait le cabinet. Mme de Nevers était dans ce cabinet ! Bientôt je l'entendis marcher, puis s'arrêter, puis marcher encore ; mon cœur plein d'elle battait dans mon sein avec une affreuse violence. Je me levai, je me rassis, sans savoir ce que je voulais faire. En ce moment sa porte s'ouvrit : « Agathe, dit-elle, est-ce vous ? — Non, répondis-je ; me pardonnerez-vous ? J'ai vu de la lumière dans ce cabinet, j'ai pensé que vous y étiez, je ne sais comment je suis ici. — Édouard, dit-elle, venez ; j'allais vous écrire ; il vaut mieux que je vous parle, et peut-être que j'aurais dû vous parler plus tôt. » Je vis qu'elle avait pleuré. « Je suis bien coupable, lui dis-je, je vous offense en vous aimant, et cependant que puis-je faire ? Je n'espère rien, je ne demande rien, je sais trop bien que je ne puis être que malheureux. Mais dites-moi seulement que si le sort m'eût fait votre égal, vous ne m'eussiez pas défendu de vous aimer ? — Pourquoi ce doute ? me dit-elle ; ne savez-vous pas, Édouard, que je vous aime ? Nos deux cœurs se sont donnés l'un à l'autre en même temps ; je ne me suis fait aucune illusion sur la folie de cet attachement ; je sais qu'il ne peut que nous perdre. Mais comment fuir sa destinée ? L'absence eût guéri un sentiment ordinaire ; j'allai près de mon amie chercher de l'appui contre cette passion, cette passion qui fera, Édouard, le malheur de tous deux. Eugénie employa toute la force de sa raison pour me démontrer la nécessité de combattre mes sentiments. Hélas ! vous n'ignorez pas tout ce qui nous sépare ! Je crus qu'elle m'avait persuadée ; je revins à Paris, armée de sa sagesse bien plus que de la mienne. Je pris la résolution de vous fuir ; je cherchai la distraction dans ce monde où j'étais sûre de ne pas vous trouver. Quelle profonde indifférence je portais dans tous ces lieux où vous n'étiez pas, où vous ne pouviez jamais venir ! Ces portes s'ouvraient sans cesse, et ce n'était jamais pour vous ! Le duc de L. me plaisantait souvent sur mes distractions. En effet, je sentais bien que je pouvais obéir aux conseils d'Eugénie, et conduire ma personne au bal ; mais, Édouard, n'avez-vous jamais senti que mon âme était errante autour de vous, que la meilleure moitié de moi-même restait près de vous, qu'elle ne pouvait pas vous quitter ? » Je tombai à ses pieds. Ah ! si j'avais osé la serrer dans mes bras ! Mais je n'avais que de froides paroles pour peindre les transports de mon cœur. Je lui redis mille fois que j'étais heureux ; que je défiais tous les malheurs de m'atteindre ; que ma vie se passerait près d'elle à l'aimer, à lui obéir ; qu'elle ne pouvait rien m'imposer qui ne me parût facile. En effet, mes chagrins, mes remords, son rang, ma position, la distance qui nous séparait, tout avait disparu ; il me semblait que je pouvais tout supporter, tout braver, et que j'étais inaccessible à tout ce qui n'était pas l'ineffable joie d'être aimé de Mme de Nevers. « Je ne vous impose qu'une loi, me dit-elle, c'est la prudence. Que mon père ne puisse jamais soupçonner nos sentiments : vous savez assez que s'il en avait la moindre idée, il se croirait profondément offensé ; son bonheur, son repos, la paix de notre intérieur seraient détruits sans retour. C'est de cela que je voulais vous parler, ajouta-t-elle en rougissant ; voyez, Édouard, si je dois ainsi rester seule avec vous ? Je vous ai dit tout ce que je ne voulais pas vous dire ; hélas ! nous ne savons que trop bien à présent ce qui est au fond de nos cœurs ! ne nous voyons plus seuls. — Je vais vous quitter, lui dis-je, ne m'enviez pas cet instant de bonheur ; est-il donc déjà fini ? »

L'enchantement d'être aimé suspendit en moi pour quelques jours toute espèce de réflexion ; j'étais devenu incapable d'en faire. Chacune des paroles de Mme de Nevers s'était gravée dans mon souvenir, et y remplaçait mes propres pensées ; je les répétais sans cesse, et le même sentiment de bonheur les accompagnait toujours. J'oubliais tout : tout se perdait dans cette idée ravissante que j'étais aimé ; que nos deux cœurs s'étaient donnés l'un à l'autre en même temps ; que, malgré tous ses efforts, elle n'avait pu se détacher de moi ; qu'elle m'aimait ; qu'elle avait accepté mon amour : que ma vie s'écoulerait près d'elle ; que la certitude d'être aimé me tiendrait lieu de tout bonheur. Je le croyais de bonne foi, et il me paraissait impossible que la félicité humaine pût aller au-delà de ce que Mme de Nevers venait de me faire éprouver, lorsqu'elle m'avait dit que, même absente, son âme était errante autour de moi.

Cet enivrement aurait peut-être duré longtemps, si M. le maréchal d'Olonne, qui se plaisait à louer ceux qu'il aimait, n'eût voulu un soir faire mon éloge. Il parlait à quelques voisins qui avaient dîné à Faverange, et, quoique j'eusse essayé de sortir dès le commencement de la conversation, il m'avait forcé de rester. Ah ! quel supplice il m'imposait !

M'entendre vanter pour ma délicatesse, pour ma reconnaissance, pour mon dévouement ! il n'en fallait pas tant pour rappeler ma raison égarée, et pour faire rentrer le remords dans mon âme. Il s'en empara avec violence, et me déchira d'autant plus que j'avais pu l'oublier un moment. Mais par une bizarrerie de mon caractère, j'éprouvai une sorte de joie de voir que pourtant je sentais encore ce que devait sentir un homme d'honneur ; que la passion m'entraînait sans m'aveugler, et que du moins Mme de Nevers ne m'avait pas encore ôté le regret des vertus que je perdais pour elle. J'essayai de me dire qu'un jour je la fuirais. Fuir Mme de Nevers ! m'en séparer ! Je ne pouvais en soutenir la pensée, et cependant j'avais besoin de me dire que dans l'avenir j'étais capable de ce sacrifice. Non, je ne l'étais pas ; j'ai senti plus tard que m'arracher d'auprès d'elle, c'était aussi m'arracher de la vie.

Il était impossible qu'un cœur déchiré comme l'était le mien pût donner ni recevoir un bonheur paisible. Mme de Nevers me reprochait l'inégalité de mon humeur ; elle qui n'avait besoin que d'aimer pour être heureuse, tout était facile de sa part : c'était elle qui faisait les sacrifices. Mais moi qui l'adorais et qui étais certain de ne la posséder jamais ! Dévoré de remords, obligé de cacher à tous les yeux cette passion sans espoir, qui ferait ma honte si le hasard la dévoilait à M. le maréchal d'Olonne. Que me dirait-il ? que je devais fuir. Il aurait raison, et je sentais que je n'avais d'autre excuse qu'une faiblesse indigne d'un honnête homme, indigne de mon père, indigne de moi-même ; mais cette faiblesse me maîtrisait entièrement ; j'adorais Mme de Nevers, et un de ses regards payait toutes mes douleurs ; grand Dieu ! je n'ose dire qu'il effaçait tous mes remords.

On passait ordinairement les matinées dans une grande bibliothèque que M. le maréchal d'Olonne avait fait arranger depuis qu'il était à Faverange. On venait de recevoir de Paris plusieurs caisses remplies de livres, de gravures, de cartes géographiques, et un globe fort grand et fort beau nouvellement tracé d'après les découvertes encore récentes de Cook et de Bougainville. Tous ces objets avaient été placés sur des tables, et M. le maréchal d'Olonne, après les avoir examinés avec soin, sortit, emmenant avec lui l'abbé Tercier.

Je demeurai seul avec Mme de Nevers, et nous restâmes quelque temps debout devant une table à faire tourner ce globe avec l'espèce de rêverie qu'inspire toujours l'image, même si abrégée, de ce monde que nous habitons. Mme de Nevers fixa ses regards sur le grand océan Pacifique et sur l'archipel des îles de la Société, et elle remarqua cette multitude de petits points qui ne sont marqués que comme des écueils. Je lui racontai quelque chose du voyage de Cook que je venais de lire, et des dangers qu'il avait courus dans ces régions inconnues par ces bans de corail que nous voyons figurés sur le globe, et qui entourent cet archipel comme pour lui servir de défense contre l'Océan. J'essayai de décrire à Mme de Nevers quelques-unes de ces îles charmantes ; elle me montra du doigt une des plus petites, située un peu au nord du tropique et entièrement isolée. « Celle-ci, lui dis-je, est déserte, mais elle mériterait des habitants ; le soleil ne la brûle jamais ; de grands palmiers l'ombragent ; l'arbre à pain, le bananier, l'ananas y produisent inutilement leurs plus beaux fruits ; ils mûrissent dans la solitude ; ils tombent, et personne ne les recueille. On n'entend d'autre bruit dans cette retraite que le murmure des fontaines et le chant des oiseaux, on n'y respire que le doux parfum des fleurs : tout est harmonie, tout est bonheur dans ce désert. Ah ! lui dis-je, il devrait servir d'asile à ceux qui s'aiment. Là, on serait heureux des seuls biens de la nature, on ne connaîtrait pas la distinction des rangs ni l'infériorité de la naissance ! Là, on n'aurait pas besoin de porter d'autres noms que ceux que l'amour donne, on ne serait pas déshonoré de porter le nom de ce qu'on aime ! Je tombai sur une chaise en disant ces mots, je cachai mon visage dans mes mains, et je sentis bientôt qu'il était baigné de larmes ; je n'osais lever les yeux sur Mme de Nevers. « Édouard, me dit-elle, est-ce un reproche ? Pouvez-vous croire que j'appellerais un sacrifice ce qui me donnerait à vous ? Sans mon père, croyez-vous que j'eusse hésité ? » Je me prosternai à ses pieds ; je lui demandai pardon de ce que j'avais osé lui dire : « Lisez dans mon cœur, lui dis-je ; concevez, s'il est possible, une partie de ce que je souffre, de ce que je vous cache ; si vous me plaignez, je serai moins malheureux. »

Cette île imaginaire devint l'objet de toutes mes rêveries ; dupe de mes propres fictions, j'y pensais sans cesse ; j'y transportais en idée celle que j'aimais : là, elle m'appartenait ; là, elle était à moi, toute à moi ! Je vivais de ce bonheur chimérique ; je la fuyais elle-même pour la retrouver dans cette création de mon imagination, ou loin de ces lois sociales, cruelles et impitoyables ; je me livrais à de folles illusions d'amour, qui me consolaient un moment, pour m'accabler ensuite d'une nouvelle et plus poignante douleur.

Il était impossible que ces violentes agitations n'altérassent point ma santé ; je me sentais dépérir et mourir ; d'affreuses palpitations me faisaient croire quelquefois que je touchais à la fin de ma vie, et j'étais si malheureux que j'en voyais le terme avec joie. Je fuyais Mme de Nevers, je craignais de rester seul avec elle, de l'offenser peut-être en lui montrant une partie des tourments qui me déchiraient.

Un jour, elle me dit que je lui tenais mal la promesse que je lui avais faite d'être heureux du seul bonheur d'être aimé d'elle. « Vous êtes mauvais juge de ce que je souffre, lui dis-je, et je ne veux pas vous l'apprendre ; le bonheur n'est pas fait pour moi, je n'y prétends pas ; mais dites-moi seulement, dites-moi une fois que vous me regretterez quand je ne serai plus ; que ce tombeau qui me renfermera bientôt attirera quelquefois vos pas ; dites que vous eussiez souhaité qu'il n'y eût pas d'obstacle entre nous. » Je la quittai sans attendre sa réponse ; je n'étais plus maître de moi ; je sentais que je lui dirais peut-être ce que je ne voulais pas lui dire ; et la crainte de lui déplaire régnait dans mon âme autant que mon amour et que ma douleur. Je m'en allais dans la campagne ; je marchais des journées entières, dans l'espérance de fuir deux pensées déchirantes qui m'assiégeaient tour à tour : l'une, que je ne posséderais jamais celle que j'aimais ; l'autre, que je manquais à l'honneur en restant chez M. le maréchal d'Olonne. Je voyais l'ombre de mon père me reprocher ma conduite, me demander si c'était là le fruit de ses leçons et de ses exemples. Puis à cette vision terrible succédait la douce image de Mme de Nevers ; elle ranimait pour un moment ma triste vie ; je fermais les yeux pour que rien ne vînt me distraire d'elle ; je la voyais, je me pénétrais d'elle ; elle devenait comme la réalité, elle me souriait, elle me consolait, elle calmait par degrés mes douleurs, elle apaisait mes remords. Quelquefois je trouvais le sommeil dans les bras de cette ombre vaine ; mais, hélas ! j'étais seul à mon réveil ! Ô mon Dieu ! si vous m'eussiez donné seulement quelques jours de bonheur ! Mais jamais, jamais ! tout était inutile ; et ces deux cœurs formés l'un pour l'autre, pétris du même limon, pénétrés du même amour, le sort impitoyable les séparait pour toujours !

Un soir, revenant d'une de ces longues courses, je m'étais assis à l'extrémité de la châtaignerie, dans l'enceinte du parc, mais cependant fort loin du château. J'essayais de me calmer avant que de rentrer dans ce salon où j'allais rencontrer les regards de M. le maréchal d'Olonne, lorsque je vis de loin Mme de Nevers qui s'avançait vers moi ; elle marchait lentement sous les arbres, plongée dans une rêverie dont j'osai me croire l'objet : elle avait ôté son chapeau, ses beaux cheveux tombaient en boucles sur ses épaules ; son vêtement léger flottait autour d'elle ; son joli pied se posait sur la mousse si légèrement qu'il ne la foulait même pas ; elle ressemblait à la nymphe de ces bois ; je la contemplais avec délices ; jamais je ne m'étais encore senti entraîné vers elle avec autant de violence ; le désespoir auquel je m'étais livré tout le jour avait redoublé l'empire de la passion dans mon cœur. Elle vint à moi, et dès que j'entendis le son de sa voix, il me sembla que je reprenais un peu de pouvoir sur moi-même. « Où avez-vous donc passé la journée ? me demanda-t-elle ; ne craignez-vous pas que mon père ne s'étonne de ces longues absences ? — Qu'importe ? lui répondis-je, mon absence bientôt sera éternelle. — Édouard, me dit-elle, est-ce donc là les promesses que vous m'aviez faites ? — Je ne sais ce que j'ai promis, lui dis-je ; mais la vie m'est à charge, je n'ai plus d'avenir, et je ne vois de repos que dans la mort. Pourquoi s'en effrayer ? lui dis-je, elle sera plus bienfaisante pour moi que la vie ; il n'y a pas de rang dans la mort ; je n'y retrouverai pas l'infériorité de ma naissance qui m'empêche d'être à vous, ni mon nom obscur ; tous portent le même nom dans la mort ! Mais l'âme ne meurt pas, elle aime encore après la vie ; elle aime toujours. Pourquoi dans cet autre monde ne serions-nous pas unis ? — Nous le serons dans celui-ci, me dit-elle. Édouard, mon parti est pris ; je serai à vous, je serai votre femme. Hélas ! c'est mon bonheur aussi bien que le vôtre que je veux ! Mais dites-moi que je ne verrai plus votre visage pâle et décomposé comme il l'est depuis quelque temps ; dites-moi que vous reprendrez goût à la vie, à l'espérance ; dites-moi que vous serez heureux. — Jamais ! m'écriai-je avec désespoir. Grand Dieu ! c'est donc quand vous me proposez le comble de la félicité, que je dois me trouver le plus malheureux de tous les hommes !

Moi ! vous épouser ! moi ! vous faire déchoir ! vous rendre l'objet du mépris, changer l'éclat de votre rang contre mon obscurité ! vous faire porter mon nom inconnu ! — Eh ! qu'importe ? dit-elle, j'aime mieux ce nom que tous ceux de l'histoire ; je m'honorerai de le porter, il est le nom de ce que j'aime. Édouard ! ne sacrifiez pas notre bonheur à une fausse délicatesse. — Ah ! ne me parlez pas de bonheur, lui dis-je ; point de bonheur avec la honte ! Moi ! trahir l'honneur ! trahir M. le maréchal d'Olonne ! je ne pourrais seulement soutenir son regard ! Déjà je voudrais me cacher à ses yeux ! de quelle juste indignation ne m'accablerait-il pas ! Le déshonneur ! c'est comme l'impossible ; rien à ce prix. — Eh bien ! Édouard, dit-elle, il faudra donc nous séparer ? » Je demeurai anéanti. « Vous voulez ma mort, lui dis-je, vous avez raison, elle seule peut tout arranger. Oui, je vais partir ; je me ferai soldat, je n'aurai pas besoin pour cela de prouver ma noblesse, j'irai me faire tuer. Ah ! que la mort me sera douce ! je bénirais celui qui me la donnerait en ce moment. » Je ne regardais pas Mme de Nevers en prononçant ces affreuses paroles. Hélas ! la vie semblait l'avoir abandonnée. Pâle, glacée, immobile, je crus un moment qu'elle n'existait plus ; je compris alors qu'il y avait encore d'autres malheurs que ceux qui m'accablaient ! À ses pieds j'implorai son pardon ; je repris toutes mes paroles, je lui jurai de vivre, de vivre pour l'adorer, d'être son esclave, son ami, son frère ; nous inventions tous les doux noms qui nous étaient permis. « Viens, me dit-elle en se jetant à genoux ; prions ensemble ; demandons à Dieu de nous aimer dans l'innocence, de nous aimer ainsi jusqu'à la mort ! » Je tombai à genoux à côté d'elle ; j'adorai cet ange presque autant que Dieu même ; elle était un souffle émané de lui ; elle avait la beauté, l'angélique pureté des enfants du ciel. Comment un désir coupable m'aurait-il atteint près d'elle ? elle était le sanctuaire de tout ce qui était pur. Mais loin d'elle, hélas ! je redevenais homme, et j'aurais voulu la posséder ou mourir.

Nous entrâmes bientôt dans la lutte la plus singulière et la plus pénible ; elle, pour me déterminer à l'épouser ; et moi, pour lui prouver que l'honneur me défendait cette félicité que j'eusse payée de mon sang et de ma vie. Que ne me dit-elle pas pour me faire accepter le don de sa main ! Le sacrifice de son nom, de son rang ne lui coûtait rien ; elle me le disait, et j'en étais sûr. Tantôt elle m'offrait la peinture séduisante de notre vie intérieure. « Retirés, disait-elle, dans notre humble asile, au fond de nos montagnes, heureux de notre amour, en paix avec nous-mêmes, saurons-nous seulement si l'on nous blâme dans le monde ? » Et elle disait vrai, et je connaissais assez la simplicité de ses goûts pour être certain qu'elle eût été heureuse, sous notre humble toit, avec mon amour et l'innocence. Quelquefois elle me disait : « Il se peut que j'offense, en vous aimant, les convenances sociales, mais je n'offense aucune des lois divines ; je suis libre, vous l'êtes aussi, ou plutôt nous ne le sommes plus ni l'un ni l'autre. Y a-t-il, Édouard, un lien plus sacré qu'un attachement comme le nôtre ? Que ferions-nous dans la vie maintenant, si nous n'étions pas unis ? Pourrions-nous faire le bonheur de personne ? » Je ne puis dire ce que me faisait éprouver un pareil langage ; je n'étais pas séduit, je n'étais pas même ébranlé ; mais je l'écoutais comme on prête l'oreille à des sons harmonieux qui bercent et endorment les douleurs. Je n'essayais pas de lui répondre ; je l'écoutais, et ses paroles enchanteresses tombaient comme un baume sur mes blessures. Mais, par une bizarrerie que je ne saurais expliquer, quelquefois ces mêmes paroles produisaient en moi un effet tout contraire, et elles me jetaient dans un profond désespoir. Inconséquence des passions ! le bonheur d'être aimé me consolait de tout, ou mettait le comble à mes maux. Mme de Nevers quelquefois feignait de douter de mon amour : « Vous m'aimez bien peu, disait-elle, si je ne vous console pas des mépris du monde. — J'oublierais tout à vos pieds, lui disais-je, hors le déshonneur, hors le blâme dont je ne pourrais pas vous sauver. Je le sais bien, que les maux de la vie ne vous atteindraient pas dans mes bras ; mais le blâme n'est pas comme les autres blessures, sa pointe aiguë arriverait à mon cœur avant que de passer au vôtre ; mais elle vous frapperait malgré moi, et j'en serais la cause. De quel nom ne flétrirait-on pas le sentiment qui nous lie ? Je serais un vil séducteur, et vous une fille dénaturée. Ah ! n'acceptons pas le bonheur, au prix de l'infamie ! Tâchons de vivre encore comme nous vivons, ou laissez-moi vous fuir et mourir. Je quitterai la vie sans regret : qu'a-t-elle qui me retienne ? Je désire la mort plutôt ; je ne sais quel pressentiment me dit que nous serons unis après la mort, qu'elle sera le commencement de notre éternelle union. » Nos larmes finissaient ordinairement de telles conversations ; mais, quoique le sujet en fût si triste, elles portaient en elles je ne sais quelle douceur qui vient de l'amour même. Il est impossible d'être tout à fait malheureux quand on s'aime, qu'on se le dit, qu'on est près l'un de l'autre. Ce bien-être ineffable que donne la passion ne saurait être détruit que par le changement de ceux qui l'éprouvent ; car la passion est plus forte que tous les malheurs qui ne viennent pas d'elle-même.

Cependant nous sentions la nécessité de nous distraire quelquefois de ces pensées douloureuses pour conserver la force de les supporter. Nous essayâmes de lire ensemble, de fixer sur d'autres objets que nous-mêmes nos idées et nos réflexions ; mais l'imagination préoccupée par l'amour ressemble à cette forêt enchantée que nous peint le Tasse, et dont toutes les issues ramenaient toujours dans le même lieu. La passion répond à tout, et tout ramène à elle. Si nous trouvions dans nos lectures quelques sentiments exprimés avec vérité, c'est qu'ils nous rappelaient les nôtres ; si les descriptions de la nature avaient quelque charme pour nous, c'est qu'elles retraçaient à nos cœurs l'image de la solitude où nous eussions voulu vivre. Je trouvais à Mme de Nevers la beauté et la modestie de l'Ève de Milton, la tendresse de Juliette, et le dévouement d'Emma. La passion qui produit tous les fruits de la faiblesse est cependant ce qui met l'homme de niveau avec tout ce qui est grand, noble, élevé. Il nous semblait quelquefois que nous étions capables de tout ce que nous lisions de sublime ; rien ne nous étonnait, et l'idéal de la vie nous semblait l'état naturel de nos cœurs, tant nous vivions facilement dans cette sphère élevée des sentiments généreux. Mais quelquefois aussi un mot qui nous rappelait trop vivement notre propre situation, ou ces tableaux touchants de l'amour dans le mariage, qu'on rencontre si fréquemment dans la poésie anglaise, me précipitaient du faîte de mes illusions dans un violent désespoir. Mme de Nevers alors me consolait, essayait de nouveau de me convaincre qu'il n'était pas impossible que nous fussions heureux, et la même lutte se renouvelait entre nous, et apportait avec elle les mêmes douleurs et les mêmes consolations.

Il y avait environ six mois que M. le maréchal d'Olonne était à Faverange, et nous touchions aux derniers jours de l'automne, lorsqu'un soir comme on allait se retirer, on entendit un bruit inaccoutumé autour du château : les chiens aboyaient, les grilles s'ouvraient, les chaînes des ponts faisaient entendre leur claquement en s'abaissant, les fouets des postillons, le hennissement des chevaux, tout annonçait l'arrivée de plusieurs voitures de poste. Je regardai Mme de Nevers : le même pressentiment nous avait fait pâlir tous deux, mais nous n'eûmes pas le temps de nous communiquer notre pensée ; la porte s'ouvrit, et le duc de L. et le prince d'Enrichemont parurent. Leur présence disait tout ; car M. le maréchal d'Olonne avait annoncé qu'il ne voulait recevoir aucune visite tant que durerait son exil, et il n'était venu à Faverange que deux ou trois vieux amis, qui même n'y avaient fait que peu de séjour. M. le maréchal d'Olonne était en effet rappelé. Le duc de L. le lui annonça avec le bon cœur et la bonne grâce qu'il mettait à tout, et le prince d'Enrichemont recommença à dire toutes ces choses convenables que Mme de Nevers ne pouvait lui pardonner. Il en avait toujours de prêtes pour la joie comme pour la douleur, et il n'en fut point avare en cette occasion. Il s'adressait plus particulièrement à Mme de Nevers ; elle répondait en plaisantant ; la conversation s'animait entre eux, et je retrouvais ces anciennes souffrances que je ne connaissais plus depuis six mois ; seulement elles me paraissaient encore plus cruelles par le souvenir du bonheur dont j'avais joui près de Mme de Nevers, seul en possession du moins de ce charme de sociabilité qui n'appartenait qu'à elle : à présent il fallait le partager avec ces nouveaux venus ; et pour que rien ne me manquât, je retrouvais encore leur politesse, cérémonieuse de la part du prince d'Enrichemont, cordiale de la part du duc de L. ; mais enfin, me faisant toujours ressouvenir, et de ce qu'ils étaient, et de ce que j'étais moi-même.

La conversation s'établit sur les nouvelles de la société, sur Paris, sur Versailles. Il était simple que M. le maréchal d'Olonne fût curieux de savoir mille détails que personne depuis longtemps n'avait pu lui apprendre ; mais j'éprouvais un sentiment de souffrance inexprimable en me sentant si étranger à ce monde, dans lequel Mme de Nevers allait de nouveau passer sa vie. Le prince d'Enrichemont conta que la reine avait dit qu'elle espérait que Mme de Nevers serait de retour pour le premier bal qu'elle donnerait à Trianon. Le duc de L. parla du voyage de Fontainebleau qui venait de finir. Je ne pouvais m'étonner que

Mme de Nevers s'occupât de personnes qu'elle connaissait, de la société dont elle faisait partie ; mais cette conversation était si différente de celles que nous avions ordinairement ensemble, qu'elle me faisait l'effet d'une langue inconnue, et j'éprouvais une sensation pénible en voyant cette langue si familière à celle que j'aimais. Hélas ! j'avais oublié qu'elle était la sienne, et le doux langage de l'amour que nous parlions depuis si longtemps avait effacé tout le reste.

Le duc de L., qu'on ne fixait jamais longtemps sur le même sujet, revint à parler de Faverange, et s'engoua de tout ce qu'il voyait, de l'aspect du château par le clair de lune, de l'escalier gothique, surtout de la salle où nous étions. Il admira la vieille boiserie de chêne, noir et poli comme l'ébène, qui portait dans chacun de ses panneaux un chevalier armé de toutes pièces, sculpté en relief, avec le nom et la devise du chevalier, sculptés aussi en bas du panneau. Le duc de L. lut les devises, et plaisanta sur la délivrance de Mme de Nevers, enfermée dans ce donjon gothique comme une princesse du temps de la chevalerie. Il lui demanda si elle ne s'était pas bien ennuyée depuis six mois. « Non sans doute, dit-elle, je ne me suis jamais trouvée plus heureuse, et je suis sûre que mon père quittera Faverange avec regret. — Oui, dit M. le maréchal d'Olonne, le souvenir du temps que j'ai passé ici sera toujours un des plus doux de ma vie. Il y a deux manières d'être heureux, ajouta M. le maréchal d'Olonne : on l'est par le bonheur qu'on éprouve, ou par celui qu'on fait éprouver ; s'occuper du perfectionnement moral et du bien-être physique d'un grand nombre d'hommes est certainement la source des jouissances les plus pures et les plus durables ; car le plaisir dont on se lasse le moins est celui de faire le bien, et surtout un bien qui doit nous survivre. » Je fus frappé au dernier point de ce peu de paroles. Une pensée traversa mon esprit. Quoi ! M. le maréchal d'Olonne, si je lui ravissais sa fille, aurait encore une autre manière d'être heureux ; et moi, grand Dieu ! en perdant Mme de Nevers, je sentais que tout était fini pour moi dans la vie : avenir, repos, vertu même, tout me devenait indifférent ; et jusqu'à ce fantôme d'honneur auquel je me sacrifiais, je sentais qu'il ne me serait plus rien si je me séparais d'elle. La mort seule alors deviendrait ma consolation et mon but : rien n'était plus rien pour moi dans le monde, le monde lui-même n'était plus qu'un désert et un tombeau. Cette idée que M. le maréchal d'Olonne serait heureux sans sa fille était le piège le plus dangereux qu'on eût encore pu m'offrir.

Deux jours après l'arrivée des deux amis, M. le maréchal d'Olonne quitta Faverange. Avec quelle douleur je m'arrachai de ce lieu où Mme de Nevers m'avait avoué qu'elle m'aimait ! Je ne partis que quelques heures après elle ; je les employai à dire un tendre adieu à tout ce qui restait d'elle. J'entrai dans le cabinet de la tour, dans ce cabinet où elle n'était plus ; je me mis à genoux devant le siège qu'elle occupait : je baisais ce qu'elle avait touché ; je m'emparais de ce qu'elle avait oublié ; je pressais sur mon cœur ces vestiges qu'avait laissés sa présence, hélas ! c'était tout ce qu'il m'était permis de posséder d'elle, mais ils m'étaient chers comme elle-même, et je ne pouvais m'arracher de ces murs qui l'avaient entourée, de ce siège où elle s'était assise, de cet air qu'elle avait respiré. Je savais bien que je serais moins avec elle où j'allais la retrouver, que je ne l'étais en ce moment, dans cette solitude remplie de son image ; un triste pressentiment me disait que j'avais passé à Faverange les seuls jours heureux que le ciel m'eût destinés.

En arrivant à l'hôtel d'Olonne, j'éprouvai un premier chagrin : Mme de Nevers était sortie. Je parcourus ces grands salons déserts avec une profonde tristesse. Le souvenir de la mort de mon père se réveilla dans mon cœur. Je ne sais pourquoi cette maison semblait me présager de nouveaux malheurs. J'allai dans ma chambre : j'y retrouvai le portrait de Mme de Nevers enfant ; sa vue me consola un peu, et je restai à le contempler jusqu'à l'heure du souper. Alors je descendis dans le salon ; je le trouvai plein de monde. Mme de Nevers faisait les honneurs de ce cercle avec sa grâce accoutumée, mais je ne sais quel nuage de tristesse couvrait son front. Quand elle m'aperçut, il se dissipa tout à coup. Magie de l'amour ! j'oubliai toutes mes peines ; je me sentis fier de ses succès, de l'admiration qu'on montrait pour elle ; si j'eusse pu lui ôter une nuance de ce rang qui nous séparait pour toujours, je n'y aurais pas consenti. En ce moment, je jouissais de la voir au-dessus de tous, encore plus que je ne souhaitais de la posséder, et j'éprouvais pour elle un enivrement d'orgueil dont j'étais incapable pour moi-même. Si j'avais pu ainsi m'oublier toujours, j'aurais été moins malheureux ; mais cela était impossible. Tout me froissait, tout blessait ma fierté : ce que j'enviais le plus dans une position élevée, c'est le repos que je me figurais qu'on devait y éprouver, c'était de ne compter avec personne, et d'être à sa place partout. Cette inquiétude, ce malaise d'amour-propre, aurait été un véritable malheur, si un sentiment bien plus fort m'eût laissé le temps de m'y livrer ; mais je pensais trop à madame de Nevers pour que les chagrins de ma vanité fussent durables, et je les sentais surtout, parce qu'ils étaient une preuve de plus de l'impossibilité de notre union. Tout ce qui me rabaissait m'éloignait d'elle, et cette réflexion ajoutait une nouvelle amertume à des sentiments déjà si amers.

J'occupai, à mon retour de Faverange, la place que M. le maréchal d'Olonne m'avait fait obtenir aux Affaires étrangères, et qu'on m'avait conservée par considération pour lui. Le travail n'en était pas assujettissant, et cependant je le faisais avec négligence. La passion rend surtout incapable d'une application suivie ; c'est avec effort qu'on écarte de soi une pensée qui suffit au bonheur, et tout ce qui distrait d'un objet adoré semble un vol fait à l'amour. Cependant ces sortes d'affaires sont si faciles qu'on était content de moi, et que je recueillais de ma place à peu près tout ce qu'elle avait d'agréable ; elle me donnait des relations fréquentes avec les hommes distingués qui affluaient à Paris de toutes les parties de l'Europe, et je prenais insensiblement un peu plus de consistance dans le monde, à cause des petits services que je pouvais rendre. Je logeais toujours à l'hôtel d'Olonne ; j'y passais toutes mes journées, et ce nouvel arrangement n'avait rien changé à ma vie que de créer quelques rapports de plus ; les étrangers qui venaient chez M. le maréchal d'Olonne, me connaissant davantage, me montraient en général plus d'obligeance et de bonté.

J'avais bien prévu qu'à Paris je verrais moins Mme de Nevers ; mais je me désespérais des difficultés que je rencontrais à la voir seule. Je n'osais aller que rarement dans son appartement, de peur de donner des soupçons à M. le maréchal d'Olonne, et dans le salon il y avait toujours du monde. Elle était obligée d'aller assez souvent à Versailles, et quelquefois d'y passer la journée. Il me semblait que je n'arriverais jamais à la fin de ces jours où je ne devais pas la voir ; chaque minute tombait comme un poids de plomb sur mon cœur. Il s'écoulait un temps énorme avant qu'une autre minute vînt remplacer celle-là. Lorsque je pensais qu'il faudrait supporter ainsi toutes les heures de ce jour éternel, je me sentais saisi par le désespoir, par le besoin de m'agiter du moins, et de me rapprocher d'elle à tout prix. J'allais à Versailles : je n'osais entrer dans la ville de peur d'être reconnu par les gens de M. le maréchal d'Olonne, mais je me faisais descendre dans quelque petite auberge d'un quartier éloigné, et j'allais errer sur les collines qui entourent ce beau lieu. Je parcourais les bois de Satory ou les hauteurs de Saint-Cyr : les arbres dépouillés par l'hiver étaient tristes comme mon cœur. Du haut de ces collines, je contemplais ces magnifiques palais dont j'étais à jamais banni ! Ah ! je les aurais tous donnés pour un seul regard de Mme de Nevers ! Si j'avais été le plus grand roi du monde, avec quel bonheur j'aurais mis à ses pieds toutes mes couronnes ! Qu'il est heureux l'homme qui peut élever à lui la femme qu'il aime, la parer de sa gloire, de son nom, de l'éclat de son rang, et, quand il la serre dans ses bras, sentir qu'elle tient tout de lui, qu'il est l'appui de sa faiblesse, le soutien de son innocence ! Hélas ! je n'avais rien à offrir à celle que j'aimais qu'un cœur déchiré par la passion et par la douleur. Je restais longtemps abîmé dans ces pénibles réflexions ; et quand le jour commençait à tomber, je me rapprochais du château ; j'errais dans ces bosquets déserts qui semblent attendre encore la grande ombre de Louis XIV. Quelquefois assis aux pieds d'une statue, je contemplais ces jardins enchantés créés par l'amour ; ils ne déplaisaient pas à mon cœur : leur tristesse, leur solitude étaient en harmonie avec la disposition de mon âme. Mais quand je tournais les yeux vers ce palais qui contenait le seul bien de ma vie, je sentais ma douleur redoubler de violence au fond de mon âme. Ce château magique me paraissait défendu par je ne sais quel monstre farouche. Mon imagination essayait en vain d'en forcer l'entrée : elle tentait toutes les issues, toutes étaient fermées, toutes se terminaient par des barrières insurmontables, et ces voies trompeuses ne menaient qu'au désespoir. Je me rappelais alors ce qu'avait dit l'ambassadeur d'Angleterre. Ah ! si j'avais eu une seule carrière ouverte à mon ambition, quelles difficultés auraient pu m'effrayer ? J'aurais tout vaincu, tout conquis ; l'amour est comme la foi, et partage sa toute-puissance ; mais l'impossible flétrit toute la vie ! Bientôt la triste vérité venait faire évanouir mes songes ; elle me montrait du doigt cette fatalité de l'ordre social qui me défendait toute espérance, et j'entendais sa voix terrible qui criait au fond de mon cœur : Jamais, jamais tu ne posséderas Mme de Nevers ! La mort m'eût semblé douce en comparaison des tourments qui me déchiraient. Je retournais à Paris dans un état digne de pitié, et cependant je préférais ces agitations à la longue attente de l'absence, où je me sentais me consumer sans pourtant me sentir vivre.

Je tombai bientôt dans un état qui tenait le milieu entre le désespoir et la folie ; en proie à une idée fixe, je voyais sans cesse Mme de Nevers : elle me poursuivait pendant mon sommeil ; je m'élançais pour la saisir dans mes bras, mais un abîme se creusait tout à coup entre nous deux : j'essayais de le franchir, et je me sentais retenu par une puissance invincible ; je luttais en vain ; je me consumais en efforts superflus ; je sortais épuisé, anéanti, de ce combat qui n'avait de réel que le mal qu'il me faisait, et la passion qui en était cause. Mystérieuse alliance de l'âme et du corps ! Qu'est-ce que cette enveloppe fragile qui obéit à une pensée, que le malheur détruit, et qu'une idée fait mourir ? Je sentais que je ne résisterais pas longtemps à ces cruelles souffrances. Mme de Nevers me montrait sans déguisement sa douleur et son inquiétude ; elle cherchait à adoucir mes peines sans pouvoir y parvenir ; sa tendresse ingénieuse me prouvait sans cesse qu'elle me préférait à tout. Elle, si brillante, si entourée, elle dédaignait tous les hommages, elle trouvait moyen de me montrer à chaque instant qu'elle préférait mon amour aux adorations de l'univers. Une reconnaissance passionnée venait se joindre à tous les autres sentiments de mon cœur, qui se concentraient tous en elle seule. Si j'avais pu lui donner ma vie ! mourir pour elle, pour qu'elle fût heureuse ! ajouter mes jours à ses jours, ma vie à sa vie ! Hélas ! je ne pouvais rien, et elle me donnait ce trésor inestimable de sa tendresse sans que je pusse lui rien donner en retour.

Chaque jour la contrainte où je vivais, la dissimulation à laquelle j'étais forcé, me devenaient plus insupportables. J'avais renoncé au bonheur, et il me fallait sacrifier jusqu'au dernier plaisir des malheureux, celui de s'abandonner sans réserve au sentiment de leurs maux ! Il me fallait composer mon visage, et feindre quelquefois une gaieté trompeuse qui pût masquer les tourments de mon cœur, et prévenir des soupçons qui atteindraient Mme de Nevers. La crainte de la compromettre pouvait seule me donner assez d'empire sur moi-même pour persévérer dans un rôle qui m'était si pénible.

Je m'apercevais depuis quelque temps que cette bienveillance dont j'avais eu tant à me louer de la part du prince d'Enrichemont et du duc de L. avait entièrement cessé. Le prince d'Enrichemont me montrait une froideur qui allait jusqu'au dédain ; et le duc de L. avait avec moi une sorte d'ironie qui n'était ni dans son caractère ni dans ses manières habituelles. Si j'eusse été moins préoccupé, j'aurais fait plus attention à ce changement ; mais M. le maréchal d'Olonne me traitait toujours avec la même bonté, me montrait toujours la même confiance : il me semblait que je n'avais à craindre que lui seul, et que tant qu'il ne soupçonnerait pas mes sentiments pour Mme de Nevers, j'étais en sûreté. La conduite du prince d'Enrichemont et du duc de L. me blessa donc sans m'éclairer ; je n'avais jamais aimé le premier, et je me sentais à mon aise pour le haïr ; je n'étais pas jaloux de lui ; je savais que Mme de Nevers ne l'épouserait jamais, et cependant je l'enviais d'oser prétendre à elle, et d'en avoir le droit. Je lui rendais avec usure la sécheresse et l'aigreur qu'il me montrait, et je ne perdais pas une occasion de me moquer devant lui des défauts ou des ridicules dont on pouvait l'accuser, et de louer avec exagération les qualités qu'on savait bien qu'il ne possédait pas.

Un jour M. le maréchal d'Olonne alla souper et coucher à Versailles : Mme de Nevers devait l'accompagner, mais elle se trouva souffrante ; elle fit fermer sa porte, resta dans son cabinet, et l'abbé et moi nous passâmes la soirée avec elle. Jamais je ne l'avais vue si belle que dans cette parure négligée, à demi couchée sur un canapé, et un peu pâle de la souffrance qu'elle éprouvait. Je lui lus un roman qui venait de paraître, et dont quelques situations ne se rapportaient que trop bien avec la nôtre. Nous pleurâmes tous deux : l'abbé s'endormit ; à dix heures il se réveilla, et mon cœur battit de joie en voyant qu'il allait se retirer. Il partit, et nous laissa seuls. Dangereux tête-à-tête, pour lequel nous étions bien mal préparés tous deux ! « Édouard, me dit-elle, je veux vous gronder. Qu'est-ce que ces continuelles altercations dans lesquelles vous êtes avec le prince d'Enrichemont ? Hier, vous lui avez dit les choses les plus aigres et les plus piquantes. — Prenez-vous son parti ? lui demandai-je. Il est vrai, je le hais ; il prétend à vous, et je ne puis le lui pardonner. — Je vous conseille d'être jaloux du prince d'Enrichemont, me dit-elle ; je vous offre ce que je lui refuse, et vous ne l'acceptez pas. — Ah ! faites-moi le plus grand roi du monde, m'écriai-je, et je serai à vos genoux pour vous demander d'être à moi. — Vous ne voulez pas recevoir de moi ce que vous voudriez me donner, me dit-elle. Est-ce ainsi que l'amour calcule ? Tout n'est-il pas commun dans l'amour ? — Ah ! sans doute, lui dis-je ; mais c'est quand on s'appartient l'un à l'autre, quand on n'a plus qu'un cœur et qu'une âme ; alors en effet tout est commun dans l'amour. — Si vous m'aimiez comme je vous aime, dit-elle, combien il vous en coûterait peu d'oublier ce qui nous sépare ! » Je me mis à ses pieds. « Ma vie est à vous, lui dis-je, vous le savez bien ; mais l'honneur ! il faut le conserver : vous m'ôteriez votre amour si j'étais déshonoré. — Vous ne le serez point, me dit-elle ; le monde nous blâmerait peut-être. Eh ! qu'importe ? quand on est à ce qu'on aime, que faut-il de plus ? — Ayez pitié de moi, lui dis-je ; ne me montrez pas toujours l'image d'un bonheur auquel je ne puis atteindre : la tentation est trop forte. — Je voudrais qu'elle fût irrésistible, dit-elle. Édouard ! ne refusez pas d'être heureux ! Va ! dit-elle avec un regard enivrant, je te ferais tout oublier ! — Vous me faites mourir, lui dis-je. Eh bien ! répondez-moi. Ce sacrifice que vous me demandez, c'est celui de mon honneur. Le feriez-vous, ce sacrifice ? dites, le feriez-vous à mon repos, le feriez-vous, hélas ! à ma vie ? » Elle ne me comprit que trop bien. « Édouard, dit-elle d'une voix altérée, est-ce vous qui me parlez ? » J'allai me jeter sur une chaise à l'autre extrémité du cabinet. Je crus que j'allais mourir, cette voix sévère avait percé mon cœur comme un poignard. Me voyant si malheureux, elle s'approcha de moi, et voulut prendre ma main. « Laissez-moi, lui dis-je, ne me faites pas perdre le peu de raison que je conserve encore. » Je me levai pour sortir ; elle me retint. « Non, dit-elle en pleurant, je ne croirai jamais que vous ayez besoin de me fuir pour me respecter ! » Je tombai à ses genoux. « Ange adoré, je te respecterai toujours, lui dis-je ; mais tu le vois, tu le sens bien toi-même, que je ne puis vivre sans toi ! Je ne puis être à toi, il faut donc mourir ! Ne t'effraye pas de cette pensée, nous nous retrouverons dans une autre vie, bien-aimée de mon cœur ! Y seras-tu belle, charmante, comme tu l'es en ce moment ? Viendras-tu là te rejoindre à ton ami ? Lui tiendras-tu les promesses de l'amour, dis, seras-tu à moi dans le ciel ? — Édouard, vous le savez bien, dit-elle toute troublée, si vous mourez, je meurs : ma vie est dans ton cœur, tu ne peux mourir sans moi ! » Je passai mes bras autour d'elle ; elle ne s'y opposa point ; elle pencha sa tête sur mon épaule. « Qu'il serait doux dit-elle, de mourir ainsi ! — Ah ! lui dis-je, il serait bien plus doux d'y vivre ! Ne sommes-

nous pas libres tous deux ? Personne n'a reçu nos serments :
qui nous empêche d'être l'un à l'autre ? Dieu aura pitié de
nous. » Je la serrai sur mon cœur. « Édouard, dit-elle, aie
toi-même pitié de moi, ne déshonore pas celle que tu aimes !
Tu le vois, je n'ai pas de forces contre toi. Sauve-moi !
sauve-moi ! S'il ne fallait que ma vie pour te rendre heureux, il y a longtemps que je te l'aurais donnée ; mais tu
ne te consolerais pas toi-même de mon déshonneur. Eh
quoi ! tu ne veux pas m'épouser, et tu veux m'avilir ? —
Je ne veux rien, lui dis-je au désespoir, je ne veux que la
mort ! Ah ! si, du moins, je pouvais mourir dans tes bras,
exhaler mon dernier soupir sur tes lèvres ! » Elle pleurait ;
je n'étais plus maître de moi : j'osai ravir ce baiser qu'elle
me refusait. Elle s'arracha de mes bras ; ses larmes, ses sanglots, son désespoir me firent payer bien cher cet instant
de bonheur. Elle me força de la quitter. Je rentrai dans ma
chambre le plus malheureux des hommes ; et pourtant jamais
la passion ne m'avait possédé à ce point. J'avais senti que
j'étais aimé ; je pressais encore dans mes bras celle que j'adorais. Au milieu des horreurs de la mort, j'aurais été heureux de ce souvenir. Ma nuit entière se passa dans d'affreuses agitations ; mon âme était entièrement bouleversée ;
j'avais perdu jusqu'à cette vue distincte de mon devoir qui
m'avait guidé jusqu'ici. Je me demandais pourquoi je n'épou-
serais pas Mme de Nevers ; je cherchais des exemples qui
pussent autoriser ma faiblesse ; je me disais que dans une
profonde solitude j'oublierais le monde et le blâme ; que,
s'il le fallait, je fuirais avec elle en Amérique, et jusque dans
cette île déserte, objet de mes anciennes rêveries. Quel lieu
du monde ne me paraîtrait pas un lieu de délices avec la
compagne chérie de mes jours, mon amie, ma bien-aimée ?
Natalie ! Natalie ! Je répétais son nom à demi-voix pour que
ces doux sons vinssent charmer mon oreille, et calmer un
peu mon cœur. Le jour parut, et peu d'instants après on

me remit une lettre. Je reconnus l'écriture de Mme de Nevers ; jugez de ce que je dus éprouver en la lisant.

Ne craignez pas mes reproches, Édouard, je ne vous en ferai point : je sais trop que je suis aussi coupable, et plus coupable que vous ; mais que cette leçon nous montre du moins l'abîme qui est ouvert sous nos pas : il est encore temps de n'y point tomber. Plus tard, Édouard, cet abîme ensevelirait à la fois et notre bonheur et notre vertu. Ne trahissons pas les sentiments qui ont uni nos deux cœurs. C'est par ce qui est bon, c'est par ce qui est juste, vrai, élevé dans la vie, que nous nous sommes entendus. Nous avons senti que nous parlions le même langage, et nous nous sommes aimés. Ne démentons pas à présent ces qualités de l'âme auxquelles nous devons notre amour, et sachons être heureux dans l'innocence, et nous contenter du bonheur dont nous pouvons jouir devant Dieu.

Il le faut, Édouard, oui, il faut nous unir ou nous séparer. Nous séparer ! Crois-tu que je pourrais écrire ce mot, si je ne savais bien que l'effet en est impossible ? Où trouverais-tu de la force pour me fuir ? Où en trouverais-je pour vivre sans toi ? Toi, moitié de moi-même, sans lequel je ne puis seulement supporter la vie un seul jour, ne sens-tu pas comme moi que nous sommes inséparables ? Que peux-tu m'opposer ? Un fantôme d'honneur qui ne reposerait sur rien. Le monde t'accuserait de m'avoir séduite ! Eh ! quelle séduction y a-t-il entre deux êtres qui s'aiment que la séduction de l'amour ? N'est-ce pas moi d'ailleurs qui t'ai séduit ! Si je ne t'avais montré que je t'aimais, m'aurais-tu avoué ta tendresse ? Hélas ! tu mourais plutôt que de m'en faire l'aveu ! Tu dis que tu ne veux pas m'abaisser ? Mais pour une femme y a-t-il une autre gloire que d'être aimée ? un autre rang que d'être aimée ? un autre titre que d'être aimée ? Te défies-tu assez de ton cœur pour croire qu'il ne me rendrait pas tout ce que tu te figures que tu me ferais perdre ? Imagine, si tu le peux, le bonheur qui

nous attend quand nous serons unis, et regrette, si tu l'oses,
ces prétendus avantages que tu m'enlèves. Mon père, Édouard,
est le seul obstacle ; je méprise tous les autres, et je les trouve
indignes de nous. Eh bien, je veux t'avouer que je ne suis pas
sans espérance d'obtenir un jour le pardon de mon père. Oui,
Édouard, mon père m'aime ; il t'aime aussi : qui ne t'aime-
rait pas ! Je suis sûre que mon père a regretté mille fois de
ne pouvoir faire de toi son fils ; tu lui plais, tu l'entends, tu
es le fils de son cœur. Eh ! n'es-tu pas celui de son vieil ami,
qui sauva autrefois son honneur et sa fortune ? Eh bien, nous
forcerons mon père d'être heureux par nos soins, par notre ten-
dresse ; s'il nous exile de Paris, il nous admettra à Faverange.
Là, il osera nous reconnaître pour ses enfants ; là, il sera père
dans l'ordre de la nature, et non dans l'ordre des convenances
sociales, et la vue de notre amour lui fera oublier tout le reste.
Ne crains rien. Ne sens-tu pas que tout nous sera possible,
quand nous serons une fois l'un à l'autre ? Crois-moi, il n'y
a d'impossible que de cesser de nous aimer, ou de vivre sans
nous le dire. Choisis, Édouard ! ose choisir le bonheur. Ah !
ne le refuse pas ! Crois-tu n'être responsable de ton choix qu'à
toi seul ? Hélas ! ne vois-tu pas que notre vie tient au même
fil ? Tu choisirais la mort en choisissant la fuite, et ma mort
avec la tienne !

En achevant cette lettre, je tombai à genoux ; je fis le
serment de consacrer ma vie à celle qui l'avait écrite, de
l'aimer, de l'adorer, de la rendre heureuse. J'étais plongé
dans l'ivresse, tous mes remords avaient disparu, et la fidélité du ciel régnait seule dans mon cœur. Mme de Nevers
connaît bien mieux que moi ce monde où elle passe sa vie,
me disais-je ; elle sait ce que nous avons à en redouter. Si
elle croit notre union possible, c'est qu'elle l'est. Que j'étais
insensé de refuser le bonheur ! M. d'Olonne nous pardon-
nera d'être heureux ; un jour il nous bénira tous deux ; et
Natalie ! Natalie sera ma compagne chérie, ma femme bien-

aimée ; je passerai ma vie entière près d'elle, uni à elle. Je succombais sous l'empire de ces pensées délicieuses, et mes larmes seules pouvaient alléger cette joie trop forte pour mon cœur, cette joie qui succédait à des émotions si amères, si profondes, et souvent si douloureuses.

J'attendais avec impatience qu'il fût midi, heure à laquelle je pouvais, sans donner de soupçons, paraître un instant chez Mme de Nevers, et la trouver seule. Les plus doux projets remplirent cet intervalle ; j'étais trop enivré pour qu'aucune réflexion vînt troubler ma joie. Mon sort était décidé ; je me relevais à mes propres yeux de la préférence que m'accordait Mme de Nevers, et une pensée, une seule pensée absorbait toutes les autres : elle sera à moi, elle sera toute à moi ! La mort, s'il eût fallu payer de la mort une telle félicité, m'en eût semblé un léger salaire. Mais penser que ce serait là le bonheur, le charme, le devoir de ma vie ! Non, l'imagination chercherait en vain des couleurs pour peindre de tels sentiments ou des mots pour les rendre ! Que ceux qui les ont éprouvés les comprennent, et que ceux qui les ignorent les regrettent ; car tout est vide et fini dans la vie sans eux ou après eux !

Les deux jours qui suivirent cette décision de notre sort furent remplis de la félicité la plus pure. Mme de Nevers essayait de me prouver que c'était moi qui lui faisais des sacrifices et que je ne lui devais point de reconnaissance d'avoir voulu son bonheur, et un bonheur sans lequel elle ne pouvait plus vivre. Nous convînmes qu'elle irait au mois de mai en Hollande. Ce voyage était prévu ; une visite promise depuis longtemps à Mme de C. en serait le prétexte naturel. Je devais de mon côté feindre des affaires en Forez, qui me forceraient de m'absenter quinze jours ; j'irais secrètement rejoindre Mme de Nevers à La Haye, où le chapelain de l'ambassade devait nous unir ; c'était un vieux prêtre qu'elle connaissait, et sur la fidélité duquel elle comptait entièrement. Une fois de retour, nous avions mille moyens de nous voir et d'éviter les soupçons.

Lorsque je réfléchis aujourd'hui sur quelles bases fragiles était construit l'édifice de mon bonheur, je m'étonne d'avoir pu m'y livrer, ne fût-ce qu'un instant, avec une sécurité si entière ; mais la passion crée autour d'elle un monde idéal. On juge tout par d'autres règles ; les proportions sont agrandies ; le factice, le commun disparaissent de la vie ; on croit les autres capables des mêmes sacrifices qu'on ferait soi-même ; et lorsque le monde réel se présente à vous, armé de sa froide raison, il cause un douloureux et profond étonnement.

Un matin, comme j'allais descendre chez Mme de Nevers, mon oncle, M. d'Herbelot, entra dans ma chambre. Depuis l'exil de M. le maréchal d'Olonne, je le voyais peu ; ses procédés à cette époque avaient encore augmenté l'éloignement que je m'étais toujours senti pour lui. Croyant qu'il était de mon devoir de ne pas me brouiller avec le frère de ma mère, j'allais chez lui de temps en temps. Il me traitait toujours très bien ; mais depuis près de trois semaines je ne l'avais pas aperçu. Il entra avec cet air jovial et goguenard qui annonçait toujours quelque histoire scandaleuse. Il se plaisait à cette sorte de conversation, et y mêlait une bonhomie qui m'était encore plus désagréable que la franche méchanceté ; car porter de la simplicité et un bon cœur dans le vice est le comble de la corruption[3].

3. Je ne sais si les expressions de cette conversation ne paraîtront pas un peu forcées ; elles sont copiées textuellement, et on les trouvera toutes dans les Mémoires du temps ; dans ceux de Mme d'Épinay, du baron de Bezenval, du duc de Lauzun ; dans les lettres de Mme de Graffigny, etc. ; monuments mémorables d'une époque où le vice était tellement entré dans les mœurs d'une portion de la société, qu'on peut dire qu'il s'y était établi comme un ami, dont la présence ne dérange plus rien dans la maison. À côté des modèles les plus admirables de l'intégrité de la vie, la corruption se montrait sans voile, et semblait faire gloire d'elle-même ; la perversité était devenue telle que, dans ce monde nouveau, le vice n'était plus qu'un sujet de plaisanterie ; l'esprit

« Eh bien, Édouard, me dit-il, tu débutes bien dans la carrière ; vraiment, je te fais mon compliment, tu es passé maître. Ma foi, nous sommes dans l'admiration, et Luceval et Bertheney prédisent que tu iras au plus loin. — Que voulez-vous dire, mon oncle ? lui demandai-je assez sérieusement. — Allons donc, dit-il, vas-tu faire le mystérieux ? Mon cher, le secret est bon pour les sots ; mais quand on vise haut, il faut de la publicité, et la plus grande. On n'a tout de bon que ce qui est bien constaté ; l'une est un moyen d'arriver à l'autre, et il faudra bientôt grossir ta liste. — Je ne vous comprends pas, lui dis-je, et je ne conçois pas de quoi vous voulez parler. — Tu t'y es pris au mieux, continua-t-il sans m'écouter, tu as mis le temps à profit. Que diront les bégueules et les cagots ? Toutes les femmes voudront t'avoir. — M'avoir ! répétai-je, qu'est-ce que tout cela signifie ? — Tu es un beau garçon ; je ne suis pas étonné que tu leur plaises : diable ! elles en ont de plus mal tournés. — Qui donc ? de quoi parlez-vous ? — Comment ! de quoi je parle ? eh mais, mon cher, je parle de Mme de Nevers. N'es-tu pas son amant ? tout Paris le dit. Ma foi, tu ne peux pas avoir une plus jolie femme, et qui te fasse plus d'honneur. Il faut pousser ta pointe ; nous établirons le fait publiquement, et c'est là, Édouard, le chemin de la mode et de la fortune. » Je sentis mon sang se

---

abusé par de fausses doctrines niait presque également le bien et le mal, et ne reconnaissait d'autre culte que le plaisir. Une seule chose avait survécu à ce naufrage de la morale ; cette chose était un mot indéfinissable dans sa puissance, et qui n'avait peut-être échappé à la ruine de toutes les vertus que par son vague même : c'était l'honneur. Il a été pour nous la planche dans le naufrage ; car il est remarquable que, dans la révolution, c'est par l'honneur qu'on est rentré dans la morale ; c'est l'honneur qui a fait l'émigration ; c'est l'honneur qui a ramené aux idées religieuses. Dès que le mépris s'est attaché à la puissance, on a voulu être opprimé ; dès que le déshonneur s'est attaché à l'impiété, on a voulu être homme de bien. Tant il est vrai que les vertus se tiennent comme les vices, et que, tant qu'on en conserve une, il ne faut pas désespérer de toutes les autres.

glacer dans mes veines. « Quelle horreur ! m'écriai-je, qui a pu vous dire une si infâme calomnie ? Je veux connaître l'insolent, et lui faire rendre raison de son crime. » Mon oncle se mit à rire. « Comment donc, dit-il, ne serais-tu pas si avancé que je croyais ? Serais-tu amoureux par hasard ? Va, tu te corrigeras de cette sottise. Mon cher, on a une femme aujourd'hui, une autre demain ; elles ne sont occupées elles-mêmes qu'à s'enlever leurs amants les unes aux autres. Avoir et enlever, voilà le monde, Édouard, et la vraie philosophie. — Je ne sais où vous avez vu de pareilles mœurs, lui dis-je indigné ; grâces au ciel, elles me sont étrangères, et elles le sont encore plus à la femme angélique que vous outragez. Nommez-moi dans l'instant l'auteur de cette horrible calomnie ! » Mon oncle éclata de rire de nouveau, et me répéta que tout Paris parlait de ma bonne fortune, et me louait d'avoir été assez habile et assez adroit pour séduire une jeune femme qui était sans doute fort gardée. « Sa vertu la garde, répliquai-je dans une indignation dont je n'étais plus le maître ; elle n'a pas besoin d'être autrement gardée. — C'est étonnant ! dit mon oncle. Mais où as-tu donc vécu ? dans un couvent de nonnes ? — Non, monsieur, répondis-je, j'ai vécu dans la maison d'un honnête homme, où vous n'êtes pas digne de rester. » Et, oubliant ce que je devais au frère de ma mère, je poussai dehors M. d'Herbelot, et fermai ma porte sur lui.

Je demeurai dans un désespoir qui m'ôtait presque l'usage de la raison. Grand Dieu ! j'avais flétri la réputation de Mme de Nevers ! La calomnie osait profaner sa vie, et j'en étais cause ! On se servait de mon nom pour outrager l'ange adorable, objet de mon culte et de mon idolâtrie ! Ah ! j'étais digne de tous les supplices, mais ils étaient tous dans mon cœur. C'est mon amour qui la déshonore, pensai-je ; qui la livre au blâme, au mépris, à cette honte que rien n'efface, qui reparaît toujours comme la tache sanglante sur la main de Macbeth ! Ah ! la calomnie ne se détruit jamais, sa souillure est éternelle ; mais les calomniateurs périront, et je vengerai l'ange de tous ceux qui l'outragent. Se peut-il qu'oubliant l'honneur et mon devoir, j'aie risqué de mériter ces vils éloges ? Voilà donc comment ma conduite peut se traduire dans le langage du vice ? Hélas ! le piège le plus dangereux que la passion puisse offrir, c'est ce voile d'honnêteté dont elle s'enveloppe. Je voyais à présent la vérité nue, et je me trouvais le plus vil comme le plus coupable des hommes. Que faire ! que devenir ! Irais-je annoncer à Mme de Nevers qu'elle est déshonorée, qu'elle l'est par moi ! Mon cœur se glaçait dans mon sein à cette pensée. Hélas ! qu'était devenu notre bonheur ! Il avait eu la durée d'un songe ! Mon crime était irréparable ! Si j'épousais à présent Mme de Nevers, que n'imaginerait-on pas ? Quelle calomnie nouvelle inventerait-on pour la flétrir ? Il fallait fuir ! il fallait la quitter ! je le sentais, je voyais que c'était mon devoir ; mais cette nécessité funeste m'apparaissait comme un fantôme dont je détournais la vue. Je reculais devant ce malheur, ce dernier malheur, qui achevait pour moi tous les autres, et mettait le comble à mon désespoir. Je ne pouvais croire que cette séparation fût possible : le monde ne m'offrait pas un asile loin d'elle ; elle seule était pour moi la patrie ; tout le reste, un vaste exil. Déchiré par la douleur, je perdais jusqu'à la faculté de réfléchir ; je voyais bien que je ne pouvais rester près de Mme de Nevers ; je sentais que je voulais la venger, surtout sur le duc de L., que mon oncle m'avait désigné comme l'un des auteurs de ces calomnies. Mais le désespoir surmontait tout ; j'étais comme noyé, abîmé, dans une mer de pensées accablantes : aucune consolation, aucun repos ne se présentait d'aucun côté, je ne pouvais pas même me dire que le sacrifice que je ferais en partant serait utile ; je le faisais trop tard ; je ne prenais pas une résolution vertueuse ;

je fuyais Mme de Nevers comme un criminel, et rien ne pouvait réparer le mal que j'avais fait : ce mal était irréparable ! Tout mon sang versé ne rachèterait pas sa réputation injustement flétrie ! Elle, pure comme les anges du ciel, verrait son nom associé à ceux de ces femmes perdues, objets de son juste mépris ! et c'était moi, moi seul, qui versais cet opprobre sur sa tête ! La douleur et le désespoir s'étaient emparés de moi à un point que l'idée de la vengeance pouvait seule en ce moment m'empêcher de m'ôter la vie.

Je balançais si j'irais chez le duc de L. avant de parler à Mme de Nevers, lorsque j'entendis sonner avec violence les sonnettes de son appartement ; un mouvement involontaire me fit courir de ce côté ; un domestique m'apprit que Mme de Nevers venait de se trouver mal, et qu'elle était sans connaissance. Glacé d'effroi, je me précipitai vers son appartement ; je traversais deux ou trois grandes pièces sans savoir ce que je faisais, et je me trouvai à l'entrée de ce même cabinet où la veille encore nous avions osé croire au bonheur. Mme de Nevers était couchée sur un canapé, pâle et sans mouvement. Une jeune femme que je ne connaissais point la soutenait dans ses bras ; je n'eus que le temps de l'entrevoir. M. le maréchal d'Olonne vint au-devant de moi. « Que faites-vous ici ? me dit-il d'un air sévère, sortez. — Non, lui dis-je ; si elle meurt, je meurs. » Je me précipitai au pied du canapé. M. le maréchal d'Olonne me releva. « Vous ne pouvez rester ici, me dit-il ; allez dans votre chambre, plus tard je vous parlerai. » Sa sécheresse, sa froideur aurait percé mon cœur, si j'avais pu penser à autre chose qu'à Mme de Nevers mourante ; mais je n'entendais qu'à peine M. le maréchal d'Olonne, il me semblait que ma vie était comme en suspens et ne tenait plus qu'à la sienne. La jeune femme se tourna vers moi ; je vis des larmes dans ses yeux. « Natalie va vous voir quand elle reprendra connaissance, dit-elle, votre vue peut lui faire du

mal. — Le croyez-vous ? lui dis-je, alors je vais sortir. »
J'allai dans la pièce qui précédait le cabinet ; je ne pus aller
plus avant ; je me jetai à genoux : « Ô mon Dieu ! m'écriai-
je, sauvez-la ! sauvez-la ! » Je ne pouvais répéter que ces seuls
mots : Sauvez-la ! Bientôt j'entendis qu'elle reprenait connaissance ; on parlait, on s'agitait autour d'elle. Un vieux
valet de chambre de Mme de Nevers, qui la servait depuis
son enfance, parut en ce moment ; me voyant là, il vint
à moi. « Il faut rentrer chez vous, monsieur Édouard, me
dit-il. Bon Dieu ! comme vous êtes pâle ! Pauvre jeune
homme, vous vous tuez. Appuyez-vous sur moi, et regagnons
votre chambre. » J'allais suivre ce conseil, lorsque M. le
maréchal d'Olonne sortit de chez sa fille. « Encore ici ! dit-il
d'une voix altérée. Suivez-moi, monsieur, j'ai à vous parler. — Il ne peut se soutenir, dit le vieillard. — Oui, je
le puis », dis-je en l'interrompant. Et essayant de reprendre des forces pour la scène que je prévoyais, je suivis M.
le maréchal d'Olonne dans son appartement.

« Les explications sont inutiles entre nous, me dit
M. le maréchal d'Olonne ; ma fille m'a tout avoué. Son amie,
instruite plus tôt que moi des calomnies qu'on répandait
sur elle, est venue de Hollande pour l'arracher de l'abîme
où elle était prête à tomber. Je pense que vous n'ignorez
pas le tort que vous avez fait à sa réputation ; votre conduite est d'autant plus coupable, qu'il n'est pas en votre
pouvoir de réparer le mal dont vous êtes cause. Je désire
que vous partiez sur-le-champ ; je n'abandonnerai point le
fils d'un ancien ami, quelque peu digne qu'il se soit montré de ma protection. J'obtiendrai pour vous une place de
secrétaire d'ambassade dans une cour du Nord, vous pouvez y compter. Partez sans délai pour Lyon, et vous y atten-
drez votre nomination. — Je n'ai besoin de rien, monsieur,
lui dis-je, permettez-moi de refuser vos offres ; demain je
ne serai plus ici. — Où irez-vous ? me demanda-t-il. — Je

n'en sais rien, répondis-je. — Quels sont vos projets ? — Je n'en ai point. — Mais que deviendrez-vous ? — Qu'importe ? — Ne croyez pas, Édouard, que l'amour soit toute la vie. — Je n'en désire point une autre, lui dis-je. — Ne perdez pas votre avenir. — Je n'ai plus d'avenir. — Malheureux ! que puis-je donc faire pour toi ? — Rien. — Édouard ! vous déchirez mon cœur, je l'avais armé de sévérité, mais je ne puis en avoir longtemps avec vous ; je n'ai point oublié les promesses que je fis à votre père mourant, je ferais tout pour votre bonheur ; mais vous le sentez vous-même, Édouard, vous ne pouvez épouser ma fille. — Je le sais, monsieur, je le sais parfaitement ; je partirai demain ; me permettez-vous de me retirer ? — Non, pas ainsi ; Édouard, mon enfant ! ne suis-je pas ton second père ? — Ah ! lui dis-je, vous êtes celui de Mme de Nevers ! Soignez-la, aimez-la, consolez-la quand je n'y serai plus. Hélas ! elle aura besoin de consolation ! » Je le quittai. J'allai chez moi, dans cette chambre que j'allais abandonner pour toujours ! dans cette chambre où j'avais tant pensé à elle, où je vivais sous le même toit qu'elle ! Il faudra donc m'arracher d'ici, me disais-je. Ah ! qu'il vaudrait bien mieux y mourir ! J'eus la pensée de mettre un terme à ma vie et à mes tourments. L'idée de la douleur que je causerais à Mme de Nevers et le besoin de la vengeance me retinrent.

Ma fureur contre le duc de L. ne connaissait pas de bornes ; car il nous voyait d'assez près, pour avoir pu juger que mon respect pour Mme de Nevers égalait ma passion, et il n'avait pu feindre de me croire son amant que par une méchanceté réfléchie, digne de tous les supplices. Je brûlais du désir de tirer de lui la vengeance qui m'était due, et je jetais sur lui seul la fureur et le désespoir que tant de causes réunies avaient amassés dans mon sein. Je passai la nuit à mettre ordre à quelques affaires ; j'écrivis à Mme de Nevers et à M. le maréchal d'Olonne des lettres qui devaient leur être remises si je succombais ; je fis une espèce de testament pour assurer le sort de quelques vieux domestiques de mon père que j'avais laissés en Forez. Je me calmais un peu en songeant que je vengerais Mme de Nevers, ou que je finirais ma triste vie, et que je serais regretté par elle. Je me défendais de l'attendrissement qui voulait quelquefois pénétrer dans mon cœur, et aussi des sentiments religieux dans lesquels j'avais été élevé et des principes qui, malgré moi, faisaient entendre leur voix au fond de mon âme. À huit heures, je me rendis chez le duc de L. Il n'était pas réveillé. Il me fallut attendre ; je me promenais dans un salon avec une agitation qui faisait bouillonner mon sang. Enfin, je fus admis. Le duc de L. parut étonné de me voir. « Je viens, monsieur, lui dis-je, vous demander raison de l'insulte que vous m'avez faite, et des calomnies que vous avez répandues sur Mme de Nevers à mon sujet. Vous ne pouvez croire que je supporterai un tel outrage, et vous vous devez, monsieur, de m'en donner satisfaction. — Ce serait avec le plus grand plaisir, me dit le duc de L. Vous savez, monsieur G., que je crains peu ces occasions-là ; mais malheureusement, dans ce cas-ci, c'est impossible. — Impossible ! m'écriai-je, c'est ce qu'il faudra voir. Ne croyez pas que je vous laisserai impunément calomnier la vertu, et noircir la réputation d'un ange d'innocence et de pureté ! — Quant à calomnier, dit en riant le duc de L., vous me permettrez de ne pas le prendre si haut. J'ai cru que vous étiez l'amant de Mme de Nevers : je le crois encore, je l'ai dit ; je ne vois pas en vérité ce qu'il y a là d'offensant pour vous ; on vous donne la plus charmante femme de Paris, et vous vous fâchez ? bien d'autres voudraient être à votre place, et moi tout le premier. — Moi, monsieur, je rougirais d'être à la vôtre ; Mme de Nevers est pure, elle est vertueuse, elle est irréprochable. La conduite que vous m'avez prêtée serait celle d'un lâche, et vous devez me rendre raison de vos indignes propos. — Mes propos sont ce qu'il me plaît, dit le duc de L.; je penserai de vous, et même de Mme de Nevers, ce que je voudrai. Vous pouvez nier votre bonne fortune, c'est fort bien fait à vous, quoique ce soit peu l'usage aujourd'hui. Quant à me battre avec vous, je vous donne ma parole d'honneur qu'à présent j'en ai autant d'envie que vous; mais, vous le savez, cela ne se peut pas. Vous n'êtes point gentilhomme, vous n'avez aucun état dans le monde, et je me couvrirais de ridicule si je consentais à ce que vous désirez. Tel est le préjugé. J'en suis désespéré, ajouta-t-il en se radoucissant; soyez persuadé que je vous estime du fond du cœur, monsieur G., et que j'aurais été charmé que nous puissions nous battre ensemble. Vous pâlissez! dit-il; je vous plains, vous êtes un homme d'honneur. Croyez que je déteste cet usage barbare; je le trouve injuste, je le trouve absurde; je donnerais mon sang pour qu'il me fût permis de me battre avec vous. — Grand Dieu! m'écriai-je, je croyais avoir épuisé toutes les douleurs! — Édouard, dit le duc, qui paraissait de plus en plus touché de ma situation, ne prenez pas un ami pour un ennemi; ceci me cause, je vous l'assure, une véritable peine. Quelques paroles imprudentes ne peuvent-elles se réparer? — Jamais, répondis-je. Me refusez-vous la satisfaction que je vous demande? — J'y suis forcé, dit le duc. — Eh bien, repris-je, vous êtes un lâche; car c'est une lâcheté que d'insulter un homme d'honneur, et de le priver de la vengeance. »

Je sortis comme un furieux de la maison du duc de L. Je parcourais les rues comme un insensé; toutes mes pensées me faisaient horreur. Les furies de l'enfer semblaient s'attacher sur moi: le mal que j'avais fait était irréparable, et on me refusait la vengeance! Je retrouvais là cette fatalité de l'ordre social qui me poursuivait partout, et je croyais voir des ennemis dans tous les êtres vivants et inanimés qui se présentaient à mes regards. Je m'aperçus que c'était la mort que j'avais cherchée chez le duc de L. car je ne m'étais occupé de rien au-delà de cette visite. La vie se présentait devant moi comme un champ immense et stérile, où je ne pouvais faire un pas sans dégoût et sans désespoir. Je me sentais accablé sous le fardeau de mon existence comme sous un manteau de plomb. Un instant pour me délivrer de ce supplice ! pensai-je ; et une tentation affreuse, mais irrésistible, me précipita du côté de la rivière !

Le duc de L. logeait à l'extrémité du faubourg Saint-Germain, vers les nouveaux boulevards, et je descendais la rue du Bac avec précipitation dans ces horribles pensées. J'étais coudoyé et arrêté à chaque instant par la foule qui se pressait dans cette rue populeuse. Ces hommes qui allaient tranquillement à leurs affaires me faisaient horreur. La nature humaine se révolte contre l'isolement, elle a besoin de compassion ; la vue d'un autre homme, d'un semblable, insensible à nos douleurs, blesse ce don de pitié que Dieu mit au fond de nos âmes, et que la société étouffe et remplace par l'égoïsme. Ce sentiment amer augmentait encore mon irritation : on dirait que le désespoir se multiplie par lui-même. Le mien était au comble, lorsque tout à coup je crus reconnaître la voiture de Mme de Nevers, qui venait vers moi. Je distinguai de loin ses chevaux et ses gens, et mon cœur battit encore une fois d'autre chose que de douleur en pensant que j'allais la voir passer. Cependant la voiture s'arrêta à dix pas de moi, et entra dans la cour du petit couvent de la Visitation des filles Sainte-Marie. Je jugeai que Mme de Nevers allait y entendre la messe ; et au même instant l'idée me vint de l'y suivre, de prier avec elle, de prier pour elle, de demander à Dieu des forces pour nous deux, d'implorer des secours, de la pitié de cette source de tout bien, qui donne des consolations, quand rien n'en donne plus ! C'est ainsi que cet ange me sauva, que sa seule présence enchaîna mon désespoir, et me préserva du crime que j'allais commettre.

Je me jetai à genoux dans un coin obscur de cette petite église. Avec quelle ferveur je demandai à Dieu de consoler, de protéger, de bénir celle que j'aimais ! Je ne la voyais pas, elle était dans une tribune grillée ; mais je pensais qu'elle priait peut-être en ce moment elle-même pour son malheureux ami, et que nos sentiments étaient encore une fois semblables. « Ô mon Dieu ! que nos prières se confondent en vous, m'écriai-je, comme nos âmes s'y confondront un jour ! C'est ainsi que nous serons unis, pas autrement : vous n'avez pas voulu que nous le fussions sur la terre ; mais vous ne nous séparerez pas dans le ciel. Ne la rendez pas victime de mes imprudences ; alors je pourrai tout supporter : confondez ses calomniateurs. Je ne suis pas digne de la venger ? dit-on : qu'importe ? Qu'importe ma vie, qu'importe tout, pourvu qu'elle soit heureuse, qu'elle soit irréprochable ? Seul je suis coupable. Si j'eusse écouté la voix de mon devoir, je n'aurais pas troublé sa vie ! Il faut maintenant avoir le courage de lui rendre l'honneur que ma présence lui fait perdre ; il faut partir, partir sans délai. » Il me semblait que je retrouvais dans cette église une force qui m'était inconnue, et que le repentir, au lieu de me plonger dans le désespoir, m'animait de je ne sais quel désir d'expier mes fautes, en me sacrifiant moi-même, et de retrouver ainsi la paix, ce premier besoin du cœur de l'homme. Je pris avec moi-même l'engagement de partir ce même jour ; mais ensuite je ne pus résister à l'espoir de voir encore une fois Mme de Nevers, quand elle monterait en voiture. Je sortis : hélas ! elle n'y était plus ! En quittant le couvent, je rencontrai un jeune homme que je connaissais un peu. Il arrivait d'Amérique : il m'en parla. Ce seul mot d'Amérique m'avait décidé, tout m'était si égal ! je me résolus à partir dans la soirée. On fait la guerre en Amérique, pensai-je, je me ferai soldat, je combattrai les ennemis de mon pays. Mon pays ! hélas ! ce sentiment était pour moi amer comme tous les autres. Enfant déshérité de ma patrie, elle me repousse, elle ne me trouve pas digne de la défendre ! Qu'importe ? mon sang coulera pour elle ; et si mes os reposent dans une terre étrangère, mon âme viendra errer autour de celle que j'aimerai toujours. Ange de ma vie ! tu as seule fait battre mon cœur, et mon dernier soupir sera pour toi !

Je rentrai à l'hôtel d'Olonne, comme un homme condamné à mort, mais dont la sentence ne sera exécutée que dans quelque temps. J'étais résigné, et mon désespoir s'était calmé en pensant que mon absence rendrait à Mme de Nevers sa réputation et son repos. C'était du moins me dévouer une dernière fois pour elle.

Le vieux valet de chambre de Mme de Nevers vint dans ma chambre. Il m'apprit qu'elle était restée à la Visitation avec son amie Mme de C., et qu'elles n'en reviendraient que le lendemain. Je perdais ainsi ma dernière espérance de la voir encore une fois. Je voulus lui écrire, lui expliquer, en la quittant pour toujours, les motifs de ma conduite, surtout lui peindre les sentiments qui déchiraient mon cœur. Je n'y réussis que trop bien : ma lettre était baignée de mes larmes. À quoi bon augmenter sa douleur, pensai-je, ne lui ai-je pas fait assez de mal ? Et cependant, est-ce mon devoir de me refuser à lui dire une fois, une dernière fois, que je l'adore ! J'ai espéré pouvoir le lui dire tous les jours de ma vie : elle le voulait, elle croyait que c'était possible ! J'essayai encore d'écrire, de cacher une partie de ce que j'éprouvais : je ne pus y parvenir. Autant le cœur se resserre quand on n'aime pas, autant il est impossible de dissimuler avec ce qu'on aime : la passion perce tous les voiles dont on voudrait l'envelopper. Je donnai ma lettre au vieux valet de chambre de Mme de Nevers, il la prit en pleurant. Cet intérêt silencieux me faisait du bien, je n'aurais pu en supporter un autre. Je demandai des chevaux de poste, à la nuit tombante, et je m'enfermai dans ma chambre. Ce portrait de Mme de Nevers, qu'il fallait encore quitter, avec quelle douleur ne lui dis-je point adieu ! je baisais cette toile froide, je reposais ma tête contre elle ; tous mes souvenirs, tout le passé, toutes mes espérances, tout semblait réuni là, et je ne sentais pas en moi-même la faculté de briser le lien qui m'attachait à cette image chérie : je m'arrachais à ma propre vie en déchirant ce qui nous unissait ; c'était mourir que de renoncer ainsi à ce qui me faisait vivre. On frappa à ma porte. Tout était fini. Je me jetai dans une chaise de poste, qui me conduisit, sans m'arrêter, à Lorient, où je m'embarquai le lendemain sur le bâtiment qui nous amena ici tous deux.

Postface

Gérard Gengembre

Mesdames Cottin (1770-1807), de Souza (1761-1836), de Genlis (1746-1830), de Krüdener (1764-1824), de Duras (1778-1828), de Staël (1766-1817), d'autres encore : le roman féminin fait florès de la fin du XVIIIᵉ siècle à la Restauration, au même titre que ces autres genres où dominent les femmes, la correspondance et les mémoires. Ce phénomène ressortit-il à quelque spécificité, à telle capacité féminine d'exprimer la sensibilité avec plus de naturel et de subtilité à la fois ? Plutôt que de s'aventurer sur ce terrain miné, on remarquera que cette production romanesque, si elle prolonge celle du siècle des Lumières où l'on théorisait sur l'écriture féminine bien avant nos contemporaines décennies, s'inscrit dans une période où les conflits entre la passion et les lois sociales, entre la société et l'individu acquièrent une intensité d'autant plus grande que le discours sur la liberté contraste avec l'état des mœurs et la réalité juridique du rapport entre les sexes.

En outre, les idées nouvelles, fussent-elles quelque peu étouffées par l'Empire et la Restauration, renforcent l'aspiration des femmes à l'éducation. Le roman, ce genre sans loi rhétorique contraignante, leur offre une latitude d'expression que leur formation trop souvent négligée ne handicape nullement. L'acte d'écrire apparaît comme un exutoire, une sublimation, un refuge. Il s'agit d'échapper à une condition, de surmonter symboliquement les aliénations, si bien définies dès 1800 par Mme de Staël : « Dans l'état actuel [les femmes] ne sont ni dans l'ordre de la nature ni dans l'ordre de la société » *(De la littérature)*.

Ces romancières gèrent une partie importante de l'héritage littéraire légué par le XVIIIᵉ siècle, le roman de la destinée féminine, où la femme romanesque rend possible dans l'espace de la fiction ce que la société exclut dans sa réalité, où se met en place une véritable mythologie de la femme, être tout de contradiction, à la fois exalté et condamné, miroir de l'homme et éventaire de toutes les composantes refoulées de sa nature, facteur de perturbation et d'harmonie. Mais cette gestion, où les femmes s'approprient ces mythes et cette esthétique en leur apportant de subtiles nuances, va de pair avec l'émergence d'une problématique moderne : la condition féminine promue à la dignité de sujet romanesque, qu'un Balzac saura si bien exploiter. Écrits à vingt ans de distance, *Mademoiselle de Clermont* et *Édouard*, qui tous deux mettent en scène le conflit entre le rang et le cœur, illustrent cette transition. Plus que leurs différences (une nouvelle historique d'un côté, un récit autobiographique fait par le héros éponyme de l'autre, une facture plus classique chez Mme de Genlis, un texte marqué par le romantisme chez Mme de Duras), leur proximité « idéologique » intéressera le lecteur moderne.

Caroline Stéphanie Félicité du Crest de Saint-Aubin, protégée à treize ans par le vieux financier La Popelinière, brille d'abord à Paris comme virtuose de la harpe. En 1763, elle épouse secrètement le comte de Genlis. Introduite par sa tante, Mme de Montesson, maîtresse du duc d'Orléans, dans la société du Palais-Royal, elle devient la « tendre amie » du duc de Chartres, le futur Philippe-Égalité, et commence une carrière de femme de lettres. Chargée en 1777 de l'éducation des filles de la duchesse, elle se fait pédagogue dans la lignée rousseauiste (*Adèle et Théodore*, 1782), avant d'accéder au rang de « gouverneur » des enfants d'Orléans, parmi lesquels le futur Louis-Philippe. Initialement favorable à la Révolution, elle choisit l'exil en 1791, et rentre en 1800. Elle louvoie sous les divers régimes, accumulant, jusqu'à ses *Mémoires* (1825), une œuvre considérable de cent quarante volumes, dont plusieurs romans.

Une histoire littéraire injustement sélective n'a prétendu conserver de cette production romanesque que bien peu de titres : pour l'essentiel *La Duchesse de La Vallière* (1804) et *Mademoiselle de Clermont*, publiée en 1802. Ce dernier récit semble évoquer *La Princesse de Clèves*, dont la célèbre présentation de l'héroïne - « Il parut alors une beauté à la cour, qui attira les yeux de tout le monde » - se retrouve sous la plume de Mme de Genlis : « Mlle de Clermont parut à Chantilly [...] sur la fin du printemps ; elle y fixa tous les yeux. » Malgré d'indéniables ressemblances (et d'abord la retenue d'une écriture toute de pudique finesse), la comparaison entre les deux textes fait cependant apparaître une différence capitale : ici, point de mari, point d'interdit conjugal et sacramentel.

L'interdit social est prononcé par les préjugés : parente d'un prince de sang, Mlle de Clermont est promise à une illustre union. Quoique duc de bonne lignée, M. de Melun n'appartient pas à ces hautes sphères de la noblesse. De là l'obstacle, qui contraint les amants à taire leur passion et à sublimer leurs élans dans l'échange de serments qui deviennent une loi du destin et annoncent le dénouement. Ces deux êtres seront bien fidèles jusqu'au tombeau. Le mariage secret dans une chaumière, ce lieu idyllique hors de la société, ne les sauve pas : la fatalité s'en mêle. Un accident de chasse blesse mortellement M. de Melun.

La simplicité de la ligne dramatique fait sa force : nous sommes bien dans une économie tragique. L'héroïne parvient vite au paroxysme d'une passion qu'elle doit cacher, épiée qu'elle est par tous les regards de Chantilly, mais dont les composantes relèvent des conceptions classiques (noblesse, mérite, valeur). Les lieux (les salons, la nature, la chaumière), qu'il n'est point besoin de décrire longuement, car importent surtout leur signification et leur fonction symboliques héritées de la sensibilité des Lumières, sont également épurés. Il s'agit moins ici de notations romantiques (au sens que le terme va progressivement prendre justement à partir de 1802, *Génie du christianisme* oblige) que de signes lisibles pour les lecteurs de Rousseau. Récit sublime d'amour et de mort, *Mademoiselle de Clermont* met à profit les recettes du roman sentimental. Ainsi de la rougeole contractée par M. de Melun auprès de sa bien-aimée, qui est bien une inoculation amoureuse digne de Saint-Preux. Ainsi du mimétisme amoureux qui fait changer ses lectures à l'héroïne parce qu'elle a senti que les siennes ne plaisaient pas à M. de Melun. Ces poncifs ne doivent pas occulter le caractère de Mlle de Clermont, amoureuse « active », à la fois passionnée et raisonnable, qui argumente avec Melun, lui démontrant qu'il peut l'épouser, puisque son nom est illustré par des alliances royales. Ajoutons qu'elle apprend une leçon morale : « Que l'amour véritable n'est autre chose qu'une amitié exaltée, et que celui-là seul est durable », leçon qu'il faut mettre en rapport avec le rationalisme de Mme de Genlis, mais qui ne contredit en rien l'intensité de l'exaltation ni la logique tragique. Parmi les procédés et emprunts à une tradition littéraire, on ne saurait négliger les signes prémonitoires, comme la robe de la princesse retenue par l'un des barreaux qui entourent la statue du grand Condé, son ancêtre, figure de la malédiction socio-historique. Mais on sera plus sensible encore à l'efficacité romanesque de ces objets symboliques, les bracelets gravés, qui font de la conclusion du roman un magnifique point d'orgue, en inscrivant dans l'ultime phrase la loi du texte.

Claire Louise de Kersaint, qui épouse en 1797 le duc de Duras, futur premier gentilhomme de la chambre du roi Louis XVIII, a consacré sa vie à travailler pour autrui et pour des causes humanistes. Généreuse, dévouée, passionnée, elle semble déployer tout l'éventail des vertus féminines canoniques, mais aussi celui des malheurs de son sexe et de sa classe. Une enfance et une adolescence tourmentées par la désunion parentale, un père aristocrate girondin exécuté, l'émigration, un amour pour son mari guère payé de retour, le report d'un attachement exalté sur sa fille aînée, dont l'éloignement affectif lui cause une profonde douleur, une amitié amoureuse pour Chateaubriand qu'elle avait pris sous son aile protectrice, mais dont l'égoïsme ne sait guère répondre à tant d'adoration. Le bilan d'une telle vie apparaît comme une frustration affective qui lui valut une maladie de langueur dont elle devait mourir à cinquante ans. Souffrant de « l'inutilité de [s]a vie », comme elle l'écrivit à son amie Rosalie Constant en 1823, elle exhale le désespoir né de sa déréliction. De telles affres évoquent le mal du siècle dans sa version féminine, qui n'est pas la moins douloureuse ni la moins profonde.

Les deux romans publiés de son vivant, *Ourika* (1824) et *Édouard* (1825), lui valurent le succès, mais elle négligea sa carrière littéraire, malgré les louanges de Goethe et de Walter Scott. En 1826, le scandale d'*Olivier* (dont Stendhal tirera *Armance*) la fit renoncer à tout public. Elle devait tomber ensuite dans l'oubli. Un tel destin littéraire est d'autant plus inacceptable que cette femme exceptionnelle, en qui trop de ses contemporains virent une hystérique, commode stéréotype qui permet d'occulter les personnalités féminines non conformes, sut organiser dans ses romans une thématique particulièrement intéressante, où la différence, l'altérité et l'impuissance sociale figurent la condition féminine dans toute sa dimension tragique.

En reprenant le sujet quasi poncif de l'amour contrarié, en faisant mourir ses héros de mélancolie, de langueur ou par un suicide déguisé, Mme de Duras ne se contente pas de prendre à son compte les conventions romanesques et les clichés romantiques. Elle attribue l'impossibilité de l'amour à une différence, physique (la Noire Ourika, l'impuissant Olivier) ou sociale (l'origine roturière d'Édouard). Sainte-Beuve l'avait déjà signalé : c'est une « idée d'inégalité » qui agit dans les romans durassiens.

Alors que les héros désirent s'accomplir et réaliser leur bonheur dans la société, et, à l'opposé des grandes figures romantiques, ne revendiquent pas une supériorité native, leur différence fatale et contingente les enferme et transforme leur vie en destin inexorable. De ce point de vue, Édouard présente la même caractéristique que Natalie de Nevers : il est soumis à la loi d'exclusion. Il éprouve toute la pesanteur d'une condition qui l'apparente aux femmes. Dévalorisé, humilié, il s'avère incapable de transgresser les barrières qui le séparent d'une Natalie pourtant prête à rendre légitime leur amour. Édouard se dévirilise par sa passivité douloureuse et se voit dévirilisé par le déni d'un duel qu'il recherche pour venger l'affront fait à la femme qu'il aime. Condamné à ne pouvoir posséder Natalie, Édouard est bien proche du « babilan » Olivier (Ourika, quant à elle, ne pourra jamais connaître le bonheur de la maternité). Il ne lui reste en apanage que la possibilité de camoufler son suicide sous une mort héroïque, ultime privilège viril.

Ce sont bien les tabous sociaux qui oppriment les êtres, et qui les jettent dans la solitude. Ce rejet les conduit inéluctablement à la mort. Un tel bannissement qui culpabilise les victimes emblématise le sort féminin. L'aliénation se caractérise par l'intériorisation des valeurs sociales : nulle révolte ne remet en cause les diktats du monde. Au contraire, Édouard refuse le mariage, que lui propose Natalie avec tant d'abnégation, par respect de la hiérarchie. En faisant siens les préjugés du rang, même s'il en dénonce l'absurdité, il se révèle un déclassé. Il méprise sa roture et adhère aux codes aristocratiques. Ne voit-il d'ailleurs pas en Natalie la perfection de la noblesse autant que les séductions de la femme ?

Le seul temps du bonheur dans les romans durassiens est celui de l'enfance. Le cocon familial, la douceur maternelle, l'héroïsation du père, tout compose une harmonie où nulle exclusion ne sépare les êtres. Le dévouement y règne sans partage. Ainsi se définit un autre point commun aux personnages masculins et féminins : l'idéal du don de soi, vocation féminine par excellence. Le romantisme de Mme de Duras combine donc l'impuissance, la douleur et la nostalgie d'une classe meurtrie par l'Histoire à celles d'un sexe opprimé et qui trouve dans l'exaltation du sentiment et du dévouement ses seules échappatoires.

Deux auteurs, deux romans, deux écritures, mais une même inscription de la féminité, de cette altérité qui fait entendre sa voix dans un monde fondé sur l'homme, père, créateur, producteur, législateur. Une commune dignité, une commune énergie, une commune volonté de vivre et d'être heureuses réunissent Mlle de Clermont et Natalie de Nevers. Mais aussi une commune douleur. Grandeur d'âme, noblesse

de cœur, élévation des sentiments, sublime de la passion :
elles méritent pleinement leur statut d'héroïnes, qui con-
firme l'horrible beauté de leur destin tragique. Est-ce le prix
à payer pour être une femme ?

Gérard Gengembre

*Maître de conférences de littérature française
à l'école normale supérieure de Fontenay/Saint-Cloud.
Après avoir travaillé sur la pensée contre-révolutionnaire,
puis sur la littérature de l'époque révolutionnaire,
- il est l'auteur de* La Contre-Révolution
ou l'histoire désespérante *(Imago, 1989) -,
il s'intéresse à Mme de Staël,
et publie en collections de poche
de nombreux romans du XIXᵉ siècle.*

Table des matières

Achevé d'imprimer en décembre 1993 sur les presses de l'imprimerie
Corlet à Condé-sur-Noireau (Calvados) pour le compte des Éditions
Autrement, 17, rue du Louvre, 75001 Paris. Tél. : 40.26.06.06 - Fax :
40.26.00.26. N° d'imprimeur : 1198. ISBN : 2-86260-458-5.
Dépôt légal : 1er trimestre 1994.